Irmtraud Tarr

Leben macht Sinn

Irmtraud Tarr

Leben macht Sinn

Was uns bewegt und weiter bringt

KREUZ

2. Auflage 2010

© KREUZ VERLAG
in der Verlag Herder GmbH, Freiburg im Breisgau 2010
Alle Rechte vorbehalten
www.kreuz-verlag.de

Satz: de·te·pe, Aalen
Herstellung: fgb · freiburger graphische betriebe
www.fgb.de

Gedruckt auf umweltfreundlichem, chlorfrei gebleichtem Papier
Printed in Germany

ISBN 978-3-7831-3447-6

Inhalt

Vorwort	7
Was uns fehlt	13
Unterwegs sein	19
Sinnschöpfer sind wir	23
Sinn und Nutzen	27
Markt der Sinne	31
Qual der Wahl	35
Sinn von Anfang an	38
Mehr Leben	43
Sinn ist das Leben selbst	47
Sinneslust	50
Sinnfragen sind gesund	54
Gefühle der Sinnlosigkeit	59
Sinnräuber	65
Scheitern birgt Sinn	73
Leben bejahen	82

Achtsamkeit	87
Da sein, um da zu sein	91
Selbst erkennen	95
Selbst entscheiden	99
Rendezvous mit sich selbst	104
Sinneswandel	108
Stehenbleiben oder weitergehen?	114
Sinn-Kompetenz	119
Gesichter des Sinns	125
Sinn ist Glück	132
Sinn ist das Wahre	137
Sinn ist das Schöne	141
Sinn ist Liebe	146
Spielerisch Sinn erfahren	150
Sternstunden des Sinns	156
Krankheit und Sinn	160
Schicksalsschläge sind Schläge	165
Warum gerade ich?	170
»Folge deiner Seligkeit«	173
»Behandle sie, als würdest du einen kleinen Fisch kochen«	177
Aufhören	182
»Binde deinen Karren an einen Stern«	190
Nachwort	196
Literatur	199

Vorwort

Die Frage nach dem Sinn ist die Kernfrage unserer Zeit. Unsere Sehnsüchte haben sich auf eine höhere Ebene verlagert. Fragen und Hoffnungen werden heute freigesetzt, die früher nur Minderheiten – Bildungsbürgertum, Adel, Intellektuellen – vorbehalten waren. Wer bin ich selbst? Wozu lebe ich? Wohin geht es mit mir? Wie kann ich mich am besten entfalten? Wir wollen uns selbst und das Leben besser verstehen. Wir wollen uns orientieren und ausrichten auf unseren Wegen. Diese Suche nach Orientierung und Ausrichtung zielt auf uns selbst, auf unsere Würde und unseren Eigensinn.

Früher war Sinn etwas Vorgegebenes, Transzendentes, von Gott her Bestimmtes. Heute ist es uns überlassen, sozusagen in göttlicher Einsamkeit unseren eigenen Sinn zu suchen. Jeder bastelt sich selbst seinen Sinn, manchmal nach dem religiösen Lustprinzip. Und wenn das nicht trägt, dann wählt man eben etwas anderes. Möglich ist vieles. Das ist anstrengend und tragisch. Tragisch, wenn man bedenkt, wie Menschen einst in eine große Geschichte eingebunden waren und sich für Figuren in einem kosmischen Drama hielten, die erschaffen wurden, die sündigten, sich schuldig machten und erlöst wurden. Anstrengend, weil wir uns heute wie Schauspieler ohne Regisseur und Handlungsanweisungen auf der Bühne bewegen und eigene Szenen, Dramen und Komödien improvisieren. Wir sind selbst dafür verantwortlich wie dieses Schauspiel oder diese Soap Opera ausfällt. Dies kann jedoch auch entlastend wirken, da uns niemand mehr Vorschriften machen oder Sinn von oben herab verordnen kann.

Hierzu passt die Geschichte von dem Mann, der sein Auto in die Werkstatt bringt. Als er es wieder abholen will, meint der Mechaniker: »Ich konnte die Bremsen nicht reparieren, deswegen habe ich die Hupe lauter gestellt!« Spiegelt dieser Witz nicht unser menschliches Dilemma? Niemand löst für uns das Sinnproblem, also versuchen wir irgendwie durchzukommen, anzukommen, weiterzukommen. Immerhin können wir hupen, auf uns aufmerksam machen und unser Bestes geben, um auf unseren Wegen wenigstens gehört zu werden.

Unser Sinnbedürfnis hat sich verlagert. Statt im Objektiven oder Transzendenten suchen wir Sinn in der Liebe, in den Kindern, im Sport, in der Selbstveränderung. Der Blick richtet sich nicht mehr nach oben, sondern in die Welt mit ihrer Überfülle an Sinnangeboten. Hannah Arendt definiert das moderne Leben als »Tyrannei der Möglichkeiten«. In dieser Formel drückt sich treffend aus, dass alles, was wir tun, aus riskanten Entscheidungen besteht. Wir müssen es mutig mit diesen überwältigenden Angeboten aufnehmen, um wachsen und gedeihen zu können, um irgendwann, vielleicht in ferner Zukunft, über uns selbst hinauszuwachsen. Das ist für viele eine Überforderung, die sich oft in der Frage äußert: Was soll das alles? Wie viele kennen dieses nagende Gefühl, dass es mehr geben muss, als dieses kurze Leben hergibt? Und die Melancholie, die sich nach einem

Erfolg einstellt, dieses Gefühl »Das ist es doch nicht«? Oder sie realisieren, dass der hohe Preis an Stress und Aufwand in keinem Verhältnis zum Erfolg steht.

Immer wieder treffe ich auf Menschen, die von sich sagen: »Eigentlich müsste ich total glücklich sein. Bin ich aber nicht. Ich finde alles so sinnlos.« Auch Menschen, die gesund, wohlhabend und in Frieden leben, können diesen Mangel empfinden. Vor allem in der zweiten Lebenshälfte, wenn man seine angestrebten Ziele erreicht hat, meldet sich der Hunger nach diesem »Mehr«, das nur schwer fassbar und in Worte zu bringen ist. Aber fragt sich nicht jeder hin und wieder, ob er beim Mithalten des herrschenden Lebenstempos nicht etwas anderes, Wesentlicheres verpasst?

Das Zauberwort »Sinn« funkelt hart und faszinierend wie ein buntes Prisma, das das Licht einsammelt. Es erzählt unendlich viele Geschichten, die alle eines gemeinsam haben: Menschen fragen nach Sinn, wenn sie Orientierung brauchen, wenn sie aus dem Vertrauten herausfallen, wenn Krisen sie beuteln, wenn sie Ungenügen und Mangel empfinden, oder wenn sie mit Umbrüchen, Schicksalsschlägen, Krankheit oder Tod konfrontiert werden. Die Frage nach dem Sinn verdichtet sich, wenn wir vor schweren Entscheidungen stehen, wenn Enttäuschungen uns treffen, wenn wir scheitern, und wenn das Leben grau und eintönig geworden ist. Das sind Situationen, die besonders prädestiniert sind, dass man fragt: Wozu? Aber ebenso dringlich werden Sinnfragen, wenn wir uns mit unserer Zukunft beschäftigen. Wenn wir fragen: Was mache ich aus meiner Lebenszeit? Was will ich eigentlich? Wo führt das hin, wenn ich so weitermache? Ist das sinnvoll, was ich tue? Bin ich auf dem richtigen Weg?

Die Sinnfrage ist also eine typisch menschliche Frage, die sich besonders dann stellt, wenn wir an Wegkreuzungen stehen, wenn Wege zu Ende gehen oder wenn wir uns auf unseren Wegen verirrt oder verloren haben. Im letzten Grund aber hängt sie mit unserem Wissen zusammen, dass all unsere Wege irgendwann enden werden, dass nichts bleibt, wie es ist, dass alles vergänglich ist, dass wir sterblich sind. Das sind keine angenehmen Gedanken, aber sie geben unserem Leben Tiefe, Weite und Gelassenheit, denn sie erlauben uns, die Dinge so zu sehen, wie sie sind, ihren Wert zu schätzen, und uns an ihnen zu erfreuen. Insofern bereichert uns dieses Wissen, es macht uns menschlicher, bescheidener und lässt uns mit einem heilsamen Sinn für unsere Lebenszeit und unsere Grenzen leben.

Da das Leben in seiner Ganzheit einige Nummern zu groß ist, und wir selbst Teil dieses Lebensflusses sind, kann »*der* Sinn des Lebens« nicht Gegenstand dieses Buches sein. Nicht weil die Frage zu tiefsinnig ist, sondern weil sie den Begriff »Sinn« zu sehr strapaziert und überdehnt. Geht man nämlich an dessen sprachliche Wurzel, so findet man das germanische *sinpa* – Weg, Reise, Gang. Sinn bedeutet also ursprünglich etwas Dynamisches, das mit Bewegung, Weggehen zu tun hat, mit unterwegs sein, eine Richtung einschlagen. Sinn ist vom sinnlich Erlebten, Erfahrenen bestimmt und durchaus konkret zu verstehen: als persönliche Wegerfahrung oder Orientierung, die wir mit unseren Sinnen wahrnehmen. Es geht also um die Frage: Welche Erfahrungen mache ich auf meinem Weg?

Sinn ist keine übergeordnete Idee aus einem Guss, sondern es gibt viele Sinne, die wir auf unseren Wegen mit anderen erfahren, begreifen und verstehen lernen. Wir wägen Konsequenzen gegeneinander ab und fragen uns, ob unser Tun der Mühe wert ist. Wir treffen Entscheidungen, was zu tun oder zu lassen ist, wo Prioritäten zu setzen sind, und was für Menschen wir sein oder werden wollen. Aus diesen Fragen entsteht Sinn, der zurück in die Vergangenheit und nach vorn in die Zukunft reicht. In unseren Erfahrungen von unseren zurückgelegten Wegen – allein und mit anderen – spiegelt sich Sinn, den wir deuten und bewerten, so dass sich mit der Zeit ein stimmiges Selbstbild herauszuschälen vermag. Ganz akut werden diese Fragen an Lebensübergängen.

Während die Tagesordnung der ersten Hälfte unseres Weges vor allem um soziale Fragen kreist: Wie kann ich losgelöst von den Eltern eine eigene Identität entwickeln? Was will das Leben von mir? Wo bin ich angefragt?, muss man schon eine Zeit lang gelebt haben, um sich den Fragen der zweiten Lebenshälfte zu widmen: Was braucht meine Seele? Welche Spur möchte ich hinterlassen? Wer bin ich selbst? Wozu bin ich da? Bei diesen Fragen geht es um Bestandsaufnahme, die uns häufig zum Loslassen vertrauter Seinsweisen zwingt und auf einen Veränderungsweg schickt. Das eigene Selbst unter den Schichten von Rollen und Verpflichtungen zu finden, braucht eine Selbstzuwendung, die den Blick für das Wesentliche öffnet. Die Suche führt jetzt in größere Sinnräume, die über uns hinausweisen. Es geht um die Annäherung an unser inneres Wesen, um den Sinn seiner eigentlichen Bestimmung.

Diese Herausforderung anzunehmen, dazu möchte dieses Buch anstiften. Der Buchtitel verrät meine Ausrichtung: dass wir uns auch in schweren Zeiten dem Wandel nicht verweigern und erstarren, dass wir trotz allem weitergehen und fragen: Was will das Leben von mir? Es gibt kein Diktum, das uns die Ernsthaftigkeit und auch die Lächerlichkeit unseres Lebens abnehmen könnte. Deswegen erscheint mir diese Einstellung »sinn-voller« als eine, die Ansprüche oder Forderungen an das Leben stellt.

Mit dem Sinn geht es uns ähnlich wie mit der Gesundheit. Beide machen nicht extra auf sich aufmerksam, sondern wirken im Verborgenen. Nur Hypochonder beobachten sich ständig. Für die anderen gilt es, die Chancen zu ergreifen, sich ins tätige Leben zu werfen, und zwar so wach und intensiv wie möglich, so dass das Leben Sinn macht.

Dieses Buch ist kein Ratgeber im Stile von »How to«. Sie werden weder erfahren, wie Sie den perfekten Partner oder Freunde gewinnen noch Gott finden. Dafür werden Sie Denkanstöße, Anregungen und vielleicht neue Perspektiven erhalten, die Sie zu eigenen Fragen inspirieren. Lesen und nachdenken helfen weiter und sind insofern selbst ein Beitrag zum Sinn. Damit komme ich zum Kern. Die Sinnfrage zu stellen ist keine esoterische Spielerei, sondern eine Lebensfrage: Wie möchte ich leben, dass ich am Ende sagen kann: es war ein sinn-volles Leben? Und das können nur Sie selbst beurteilen.

Was uns fehlt

Oft schleicht sich gerade auf dem Höhepunkt des Lebens plötzlich die Melancholie durch das Fenster ein. Viele kennen sie, diese alte Dame in Schwarz, die plötzlich im Raum ist und alles in Frage stellt. Zu spät, um ihr die Türe zuzuschlagen. Dann erscheint plötzlich all das, was bislang für sinnvoll und wichtig gehalten wurde, sinnlos, fragwürdig und zweifelhaft. Erinnerungen werden wach, an all das, was entschwunden, gescheitert oder entrissen worden ist. Trauer über das, was man nicht gelebt hat. Die Pläne, die man geschmiedet hat, deren Sinn man nicht mehr versteht, die Umwege und Irrwege, die in Sackgassen mündeten, die Freundschaften, die sich im Sande verloren haben, die abservierten Liebschaften, die abgelehnten Chancen. Alles erscheint wie Spiegelungen auf dem Wasser, wenn der Himmel sich zuzieht. Es ist die Zeit der Dämmerung, wenn sich die Schatten des Lebensweges in die Länge ziehen, wo Menschen zweifeln und fragen: Wozu das alles? Wofür ist das gut? Wie geht es weiter?

Selbst die Erfolgreichen, die tapfer an sich selbst und ihre Leistungen glauben, kennen solche Momente – diese kleinen aber unheilvollen Risse und Löcher, die sich plötzlich auftun inmitten des Hochsommertages, wenn die Sonne ihren Zenit erreicht und das Schweigen im Hause wie eine Bombe tickt, oder im Herbst, wenn die Sonne nicht mehr wärmt, die Winde durch die Straßen fegen und das Herz rastlos und unruhig schlägt. Und plötzlich die Frage im Raum steht: Und das soll alles gewesen sein?

Andere sind einsam und warten sehnsüchtig darauf, dass der Anrufbeantworter endlich blinkt. Vielleicht haben sie eine Katze zum Streicheln oder eine Zeitung, in der sie stundenlang Werbeangebote oder Schnäppchen aus der großen, emsigen Welt studieren. »Ich fühle mich wie ein gebrochener Baum in einem leeren Wald. Allein in der großen Wohnung. Ich bin weder Geliebte noch Freundin, noch Ehefrau, noch Schwester, nicht mal mehr Tochter. Wenn doch jemand vorbeikäme …« So die Beschreibung einer Frau, die das Gefühl hatte, ihre Konturen zu verlieren, wenn nicht endlich jemand kommt, der sie aufrichtet oder wenigstens mit ihr spricht.

Andere merken, dass das Leben, das sie führen, nicht mehr zu ihnen passt. Sie haben das Gefühl: »Ich lebe nicht, ich werde gelebt.« Manche von ihnen steigen einfach aus, lassen ihre Sicherheit und ihre Karriere sausen, weil sich in ihnen so viel an ungelebten Wünschen und Sehnsüchten angestaut hat, dass sie keinen anderen Ausweg mehr sehen. Es kommt zum Ausbruch, zum »Dammbruch« wie ein Manager sagte. Oder zur verzweifelten Explosion, weil sich zu viel Sinnloses angehäuft hat und niemand da war, der die Anzeichen hätte lesen und abfangen können.

Bei anderen ist es der Blick in den Spiegel, der die Seele kränkt. Die Welt der Chancen stehe nur noch den Jüngeren zu, empfindet die 60-jährige Geschäftsfrau: »Meistens werde ich einfach übersehen. Ich kann mich

14

schon gar nicht mehr daran erinnern, wann ich das letzte Mal geflirtet habe.« Kleider, Kosmetik, Kochen, Kuren – ein Leben, in das sie irgendwie hineingeraten war, das sie früher in Euphorie versetzte, wärmt nicht mehr. Es hinterlässt nur noch einen bitteren Geschmack, weil sie auf nichts anderes gesetzt hat.

Und dann gibt es dieses schale Gefühl in langjährigen Ehen. Der Partner ist eigentlich ganz in Ordnung, man hatte auch viele schöne Jahre. Endlich ist das Haus abbezahlt, und man könnte sogar mehrmals pro Jahr in den Urlaub fahren. Aber statt immer mehr vom Gleichen hätte man doch lieber etwas mehr von dem, was Erfüllung oder Gefühle schenken würde und das Leben lebenswert macht … mehr Sinn.

Wahrscheinlich gibt es kaum jemanden, der nicht gelegentlich fragt, was das alles soll. Manchmal reicht schon eine endlos weite Landschaft von sattem Grün – und man ertappt sich bei der Frage, was dieser tägliche Wahnsinn, dem man in seinem Büro ausgesetzt ist, eigentlich soll. Auch wenn der Gott der Kindheit längst keine Hilfe mehr ist, so haben doch viele die Hoffnung, dass es vielleicht doch etwas gäbe, das »so ähnlich wie Gott« einem irgendwie Halt und Ausrichtung geben möge. Immerhin sind es laut Umfrage (Tutsch 2000) rund 95 %, die sich von Zeit zu Zeit Sinnfragen stellen.

Kurz nach dem zweiten Weltkrieg, so beobachtete der Psychotherapeut Paul Watzlawick in Triest, herrschten Chaos und Verzweiflung. Die Stadt quoll über von Flüchtlingen, Familien waren auseinandergerissen, Wohnungsnot herrschte. Dennoch registrierte die Polizei gerade mal 14 Suizide pro Jahr. Einige Zeit später, als sich die Situation stabilisiert hatte – den Menschen ging es wirtschaftlich besser, sie fuhren wieder Auto, das Kulturleben erwachte, die Cafés wurden wieder besucht – war die Suizidrate auf 10 pro Monat angestiegen.

Offensichtlich haben Menschen, wenn ihr Leben existentiell gefährdet ist, viel weniger Sorge um Sinnsuche und Sinnprobleme. Und wer im Schweiße seines Angesichts für das blanke Überleben sorgen muss, leidet wahrscheinlich nicht an Sinnkrisen. Erst wenn die Existenz sichergestellt ist, beginnen Menschen sich mit Sinnfragen zu beschäftigen. Deswegen haben in den westlichen Gesellschaften, in denen Wohlstand für viele herrscht, Sinnfragen und die »Sehnsucht nach Sinn« (Berger) Konjunktur. Entlastet vom Existenzkampf wachsen die Erwartungen und Ansprüche an das eigene Leben. Wenn Ziele sich als Illusionen erweisen, Pläne platzen, Vorhaben scheitern, Wünsche sich nicht erfüllen, konkurrierende Optionen überfordern, dann gerät das Leben heute mehr als früher unter Sinnlosigkeitsverdacht.

Was hat das Gefühl der Sinnlosigkeit mit dem unstillbaren Durst nach Sinn zu tun? Ein Grund liegt darin, dass wir aus einem umfassenden Sinnsystem herausgefallen sind und keinen großen Zusammenhang mehr erleben. Wenn wir nicht erfolgreich sind, gibt es kaum etwas, das uns auffängt. Wir sind auf uns selbst verwiesen und haben das Gefühl, in der großen unüberschaubaren Welt nichts zu sein oder weniger als andere zu sein. Deswegen fühlen Menschen sich innerlich leer und wollen das große Loch mit irgendetwas füllen. Und selbst denen, die im Wohlstand leben, verspricht schon das magische Wort »Sinn« ein inneres Erfülltsein, das über bloßes Wohlergehen hinausgeht.

Wie kommt es überhaupt zu Sinnfragen? Meist beginnt es ganz harmlos. Man ist unter Leuten bei irgendeinem geselligen Miteinander und plötzlich ist da dieses Empfinden, das alles überschattet. Eine Stimmung von Sinnlosigkeit, die alles vermiest und in Frage stellt: Wofür bin ich hier? Was tue ich hier eigentlich? Wie bin ich wirklich? Man wartet auf eine Antwort, aber stattdessen herrscht Schweigen, Leere. In diesem Grübeln deutet sich etwas an, das uns von den Pflanzen auf Gottes Acker unterscheidet. Wir machen uns Gedanken darüber, was und wie wir sind und zweifeln, ob wir wirklich so sind, wie wir denken, dass wir seien. Diese Gedanken lassen sich nicht wegpredigen. Aber sie lassen sich verstehen. Denn auf den Gedanken, »wie bin ich wirklich«, kommen wir nur durch die Erfahrung, dass wir auch anders sein könnten. Weil wir wissen, dass wir irgendwie geworden sind: aus Widerfahrnissen und Zufällen, die zusammen eine gewisse Notwendigkeit ergeben, mit der man irgendwie umgehen und fertig werden muss. Wir sind unterwegs, und können unsere eingeschlagenen Wege auch ändern. Natürlich nicht beliebig, aber es gibt auch keinen vorbestimmten Weg, sondern jene eigenartige Mischung aus Selbstbestimmung und Notwendigkeit, die jeden Reisenden nun eben auszeichnet.

Um die Frage: »Bin ich auf einem guten Weg?« kommen wir nicht herum, aber sie hat etwas Befreiendes: wenn ich nämlich erkenne, was ich nicht beeinflussen kann, entdecke ich meine Möglichkeiten, meinen Weg zu ändern – und umgekehrt. Das ist zwar nicht viel, aber auch nicht wenig. Je dichter wir umstellt sind von verordneten Bedingungen, je mehr wir gefangen sind in der Agenda von anderen, desto unruhiger meldet sich die Frage nach dem Wofür, Wozu – nach dem Sinn in eigener Hand. Wie kann und will ich eigentlich leben?

Das hängt damit zusammen, dass wir Menschen die einzigen Wesen sind, die Sinn und Lebenswerte brauchen, um überhaupt leben zu können. Wir sind nicht einfach Natur, sondern wir haben ein Bedürfnis, uns zu orten und zu orientieren. Wir wollen einen Grund zum Leben haben. Wir wollen wissen, wozu wir da sind, was unsere Aufgabe in diesem Leben ist. Wir sind »zum Sinn verurteilt«, postuliert der Philosoph Merleau-Ponty. Fehlt uns der Sinn, so haben wir es schwer, uns in der Welt zu bewegen. Es fehlt die Orientierung auf unseren Wegen. Es fehlt der Zusammenhang. Ein Leben ohne Sinn wäre ein bloßes Dahinleben.

Der berühmte Psychotherapeut und Begründer der Logotherapie, Viktor E. Frankl, sieht die epidemisch anwachsende Dreifaltigkeit aus Depression, Aggression und Sucht als Ausdruck eines »fundamentalen Sinnlosigkeitsgefühls«. Trotz der sich ausbreitenden Sinnkrisen fällt es Menschen dennoch zunehmend schwer, von Sinn auch nur zu sprechen, geschweige denn, sich zur Sinnsuche zu bekennen. Es ist heute offenbar leichter, über Gewalt und intime Details zu sprechen als über Sinnfragen, betont Heiko Ernst in »Psychologie heute«. Woher kommt diese Scheu? Ich nehme an, dass sie damit zusammenhängt, dass wir nur ungern zugeben, dass wir Suchende und Fragende sind. Oder gar in einem Sinn-Vakuum stecken. Vielleicht erinnern wir uns auch nicht gern selbstkritisch an manche unserer sinnverheißenden Wege, die sich trotz anfänglicher Begeisterung als Sackgassen herausstellten. Eine Soziologin erinnert sich: »Ich kann mich heute nur amüsieren über meine Heilssehnsüchte. An was habe ich nicht alles geglaubt? Erst waren es die Bücher von Castaneda, dann Sai Baba, dann das ›Familienstellen‹ von Hellinger. Immer war ich wie berauscht und dachte, das ist jetzt endlich der richtige Weg. Bis dann die große Nüchternheit einkehrte und ich merkte – eigentlich hat sich nicht viel geändert.«

Unterwegs sein

Bei meinen eigenen Gesprächen fiel mir auf, wie meine Gesprächspartner entweder in verlegenes Lachen ausbrachen, oder angestrengt nach phantasievollen Antworten auf meine Frage suchten, was ihr Leben sinnvoll macht. »Ich bin das Auge, durch das Gott scheint«, »Ich bin hier wegen meiner Taten in früheren Leben.« Es sind große Antworten. Als wären gute Freunde, Kinder erziehen, Briefe schreiben, lesen, wandern oder Gartenarbeit kaum der Rede wert. Hinter diesen großen Antworten wird auch eine Angst sichtbar, die eigene Ratlosigkeit zu offenbaren. Aber nicht nur Angst, auch Abwehr wird spürbar, wenn Antworten die Frage ins Lächerliche oder Ironische zu ziehen suchen: »Sinn ist, wenn man trotzdem lacht«, »Ich gehöre zur ›Generation sinnlos‹«, »Ich beneide die Leute, die glauben können. Ich hätte auch gern so etwas, aber ich weiß, dass es falsch ist«, »Alles menschliche Krücken«, »Lieber ohne Sinn, als an irgendeinen Schwachsinn glauben.« Auch in diesen Antworten liegt die Ahnung, dass eine Frage weder durch Schweigen noch durch Distanzierung oder durch Anstrengung totzukriegen ist. Eigentlich könnte man jedoch unbefangen darüber reden. Doch wir betreten hier eine intime Zone, in der jeder auch allein bleibt.

Dennoch ist die Sinnfrage eine notwendige Frage. Nicht nur in schlechten Zeiten, auch in guten Tagen. Eine Frage, die heute besonders brisant ist, weil so viele orientierungslos geworden sind. Was früher Ausnahmezustand war, ist heute fast Dauerbrenner. Von allen Fragen berührt die Sinnfrage die Menschen am meisten, weil sie ständig in Entscheidungen, Veränderungen und neue Beziehungen verwickelt sind. »Im Moment habe ich mal gerade drei Baustellen – Umzug, Geldnotstand, Dreiecksbeziehung. Wie bitte soll man da noch zu seiner Mitte finden?« – so die Aussage einer Frau, die in einer Werbeagentur arbeitet. Nicht nur die ständig neuen Lebensbaustellen, sondern dass sie auf sich selbst gestellt sind, macht so viele ratlos und rastlos. Deswegen fällt es Menschen auch nicht leicht, darüber zu sprechen. Darüber sprechen zu können, würde ja voraussetzen, sich auszukennen – orientiert zu sein.

Als Psychotherapeutin erfahre ich tagtäglich in meiner Praxis, wie sich dieses Thema wie ein roter Faden durch die meisten Leben zieht. Für meine Tätigkeit passt die Metapher: Psychotherapie ist begleitete »Weg-Erfahrung«. Das Bild vom Weg habe ich sehr bewusst gewählt. Meist wird Therapie ja dann aufgesucht, wenn Orientierung und Wege abhanden gekommen sind, wenn Erfahrungen nicht mehr verarbeitet werden können, oder wenn man stecken geblieben oder in einer Sackgasse gelandet ist. Ob innerhalb oder außerhalb der therapeutischen Werkstatt: Fragen des Weges, der Orientierung oder des Orientierungsverlusts berühren immer auch die Sinnfrage.

Betrachten wir unser Leben als Reise. Unsere Reise ist das Leben. Schritt für Schritt durchreisen wir unsere Lebensstrecke. Wir wissen nicht, wie lang sie sein wird; wir wissen nur, dass sie eines Tages enden wird. Wir gehen einen Weg nach dem anderen, jeder Weg hält seine unvergleichlich eigenen Aussichten, Überraschungen und Abenteuer bereit, und auf jeder Wegstrecke nehmen wir die Mitreisenden, die Zeit, den Raum auf andere Weise wahr. Es gibt Wegstationen, da fragen wir sehr eindringlich nach dem Wozu und dem Wohin. Es gibt andere, da tritt diese Frage in den Hintergrund. Jeder Lebensweg hat seine eigenen Höhen und Tiefen, Lagerplätze und Plateaus, Durststrecken und Höhenflüge, deren schrittweise Erfahrung und Erkundung uns zu dem machen, der wir sind. Wir sind nicht allein auf unseren Wegen, und wenn, dann höchstens kurzfristig, oder weil wir uns verirrt haben. Wir sind unterwegs mit der Generation, mit der wir aufgebrochen sind, deren Reihen sich gegen Ende immer mehr ausdünnen werden. Die anderen Menschen tragen und beflügeln uns mit ihren Wünschen und ihrem Elan, sie fordern uns heraus und stecken uns an mit ihren Ängsten und Unsicherheiten. Unsere Wege kreuzen sich auch mit anderen Generationen – älteren und jüngeren. Diese Begegnungen sind bewegend, spannend, manchmal auch traurig, weil sie uns an vergangene Wegstrecken erinnern, und weil sie uns neue Landschaften eröffnen, von denen wir bisher nichts kannten – außer die Neugier und die Faszination, die ihr Einblick in uns erregen.

Manche Wegabschnitte erzeugen ein Gefühl von Angekommensein. Wir wollen bleiben, rasten, zur Ruhe kommen, einfach da sein. Andere wollen wir ungeduldig verlassen, oder wir werden vertrieben, weil Neues in Angriff genommen werden will. Es gibt Hindernisse auf unseren Wegen, Anstrengungen, Mühen und manchmal auch harte, verbissene Kämpfe, die wir durchzustehen haben. Diese endlos scheinenden Strecken, wo uns die Verzweiflung und die Übellaune heimsuchen, gehören genauso dazu wie die Phasen der Fülle, der Ernte und der Freigiebigkeit, die im Nu davonfliegen. Vielleicht gestalten sich die Richtungswechsel unauffällig, fast unmerklich, aber betrachtet man sie aus der Rückschau, so merkt man, wie sich ein eigensinniger, persönlicher Lebensweg über die Jahre abgezeichnet hat.

Wie ein siamesischer Zwilling gehört auch das Schwere zur Weg-Erfahrung. Schlimme Erfahrungen, Leid, Verluste und Grenzsituationen können uns derart erschüttern, dass alles, was bisher galt, von einer Minute auf die andere unbedeutend erscheint. Wir würden alles hergeben oder tun, um wieder Halt und Trost zu gewinnen. Aber wir können nicht mehr ausweichen. Plötzlich stellt sich die Sinnfrage mit aller Eindringlichkeit. Wir realisieren: Sinn ist nicht da draußen und will einfach nur gefunden werden. Im Gegenteil: Sinn erfahren wir, indem wir ganz präsent sind und intensiv wahrnehmen, was gerade ist und das Erlebte, Erlittene als Erfahrung verarbeiten.

Diese Erfahrung lässt sich ganz einfach und alltäglich im Blickkontakt machen. Wahrscheinlich hat jeder schon einmal die Erfahrung gemacht, was der Unterschied ist zwischen einem flüchtigen Registrieren und einem Blick, bei dem man einander so intensiv wahrnimmt, dass beide plötzlich ein positives Gefühl von Stimmigkeit oder Übereinstimmung erleben. Es entsteht etwas, das jedes nüchterne Registrieren überschreitet – eine Erfahrung, die Sinn macht. Entscheidend ist, dass wir selbst dazu aktiv beitragen. Sinn erfährt man nicht als passiver Zuschauer, sondern in der Begegnung, indem man achtsam, konzentriert hinschaut.

Sinnschöpfer sind wir

Einen schönen Satz habe ich bei Martin Luther gefunden: »Woran du nun dein Herz hängst und worauf du dich verlässt, da ist eigentlich dein ... ›Sinn‹.« Diese Antwort kehrt überraschend um, woran wir uns vielleicht bisher gewöhnt haben. Nämlich die Vorstellung, Sinn sei immer schon da und wir müssten einfach nur lernen, ihn zu entschlüsseln. Interessant ist es, ihn gerade umgekehrt zu denken. Wir machen das zu unserem Sinn, worauf wir unser Vertrauen setzen, was uns Bedeutung und Zusammenhang gibt, wofür es sich zu leben lohnt. Wir legen Sinn in die Dinge und bestimmen selbst, was für uns Sinn macht und was nicht. Immer spielen, wie Luther sagt, unser Herz, unsere Sehnsüchte, Wünsche, unsere Blickrichtung eine sinnstiftende Rolle. Wir können uns zu keinem Zeitpunkt völlig davon lösen. Nehmen wir ein ganz banales Beispiel: Stellen Sie sich eine Vase vor. Sie identifizieren sie: Das ist eine Vase. Nun finden Sie vielleicht, dass diese Vase besonders hübsch ist und Sie an einen Freund erinnert, der sie Ihnen geschenkt hat. Sie bewerten sie: »Gefällt mir«, »macht mich glücklich« und geben ihr eine bestimmte Bedeutung – Ihren persönlichen Sinn.

Oder ein Gedicht beispielsweise können Sie für schwachsinnig halten und finden, dass es zu nichts nütze ist. Vielleicht entdecken Sie darin aber auch einen bisher verborgenen Sinn, der Sie anspricht und innehalten lässt. Wahrscheinlich werden Sie nicht ins Grübeln geraten, sondern recht konkret sagen können, welchen Sinn, welche besondere intensive Qualität die Vase und das Gedicht für Sie haben.

Sinn ist also nichts Abstraktes, Losgelöstes, sondern hängt mit unserer Wahrnehmung und der Bewertung im Wechselspiel mit unserer Außenwelt zusammen. Sinn kann nur höchstpersönlich erfahren werden. Weder vom Arzt verschrieben noch von oben verordnet. Im Unterschied dazu kann man beim metaphysischen Sinn, der abgehoben von der konkret erfahrbaren Sinnlichkeit ist, schon ins tiefschürfende Grübeln geraten. Ich denke dabei an so tiefsinnige Fragen wie: Warum ist etwas und nicht Nichts? Was ist der Sinn des Leidens? Ist das Nichts ein Seiendes? Das möchte ich Ihnen nicht zumuten, da ich den Begriff des Sinns nicht überstrapazieren möchte.

Pater Zoche spricht davon, dass Sinn sozusagen kostenlos vorhanden ist, wenn wir uns auf den Weg machen, neue Pfade erkunden und uns den Herausforderungen stellen. Insofern beschreibt der Ausdruck »etwas macht Sinn« ganz treffend den aktiven Prozess des Sinnfindens. Ein anschauliches Beispiel dafür stammt von einem Mann, der gern in seiner Freizeit angeln geht. »Der Sinn des Lebens ist für mich: Pavarotti hören, die Sonne auf dem Gesicht spüren, eine Flasche Wein trinken, und dann noch eine zweite …, den Geruch eines neuen Autos riechen, die Luft über dem Ozean, Fische fangen und mit den Fischen heimkommen – nicht mit irgendeiner Fischgeschichte.«

Der Angler beschreibt es treffend. Sinn heißt: eine Erfahrung machen. Eine geglückte Erfahrung ist eine, die etwas in uns in Bewegung bringt, so dass wir aus einem Erlebnis verändert heimkehren. Und nicht mit irgendeiner Geschichte, wie er es so schön sagt, sondern als jemand, der anders ist als vorher. Wenn wir einfach mit dem sind, was tatsächlich ist, uns berühren und wandeln lassen, dann wächst als Nebenprodukt Sinn hervor. Das muss keine spektakuläre Erfahrung sein. Es kann, um auf das Beispiel mit der Vase zurückzukommen, auch einfach sein, dass man in diese Vase Blumen stellt, ihren Geruch einsaugt und plötzlich fühlt: Der Sinn meines Lebens im Moment sind diese wohlriechenden Blumen in der Vase.

Wer sich zu dem Wahrgenommenen in Beziehung setzt, hat einen Grund, sich in Bewegung zu setzen, sich einzusetzen und vielleicht sogar mehr zu tun, einfach weil er es so will, und weil es ihm Freude macht. Je nachdem, wie wir diese Frage beantworten, fällt unser Einsatz, unsere Hingabe aus. Keineswegs nur für uns selbst. Wer den Sinnhunger von anderen stillen kann, erhält als Gegengabe überdurchschnittliche Einsatzbereitschaft. »Auch wenn die anderen mich für einen blauäugigen Idealisten halten – na und? Das ist für mich noch lange kein Grund mich beirren zu lassen. Ich mache trotzdem mein Ding, weil ich etwas bewegen will.« So spricht ein pensionierter Lehrer, der immer wieder junge arbeitslose Menschen mit Rat und Tat unterstützt.

Sinn – der Schlüssel für Wahrnehmung und geistiges Durchdringen unserer Außenwelt, aber auch für ihre Deutung und den Austausch darüber. Neben aller Alltäglichkeit, in der wir mit unseren Sinnen unterscheiden, was Sinn macht, bleibt es doch im Kern ein Zauberwort, wenn wir darüber nachdenken, was das eigene Leben eigentlich bedeutet. Wofür bin ich hier? Was ist meine persönliche

Aufgabe? Wie stehe ich zu anderen Menschen? Zu mir selbst? Und im Alltag ruft uns die Frage: Lohnt es sich wirklich? Was ist mein nächster Schritt? Was ist mein Ziel? So wie ein Klavierkonzert nur durch den Pianisten entsteht, oder ein Wein nur durch den Winzer, so stehen wir ein Leben lang vor der Aufgabe, vor dieser unserer alltäglichsten und geheimsten Frage, die uns niemand abnimmt, die wir nur selbst beantworten können. Je nachdem, wie wir sie beantworten, fällt unser Lebenseinsatz aus. Und das heißt: in jedem Moment die Fülle und Intensität zu finden, die bereits in sich selbst Sinn ist.

Sinn und Nutzen

Oft werden Sinn und Zweck gleichgesetzt oder miteinander verwechselt. Selbst diejenigen, die das Wort »Sinn« gebrauchen, verfügen nicht unbedingt über die Bedeutung von »Sinn«. Man hört es an ihrer Wortwahl. Wenn jemand sagt, eine Tätigkeit solle etwas »bringen«. Es solle etwas dabei »herauskommen« oder »herausspringen«. Das Joggen soll der Fitness dienen, das Essen der Gesundheit, die Einladungen dem »networking«, die Ferien besserer Effizienz im Arbeitsprozess. Was hier gemeint ist, sind Zwecke wie beispielsweise »… nützlich sein«, »… die Arbeit erfolgreich bewältigen«, »… den Kindern ein gutes Vorbild sein«, »… ein gesundes Leben führen«, »… die Welt kennen lernen«, »… erfolgreich sein«, »… Misserfolg meiden«. Die Antworten haben alle eines gemeinsam: Es soll ein Nutzen dabei entstehen – der Urlaub organisiert, die Steuern. pünktlich bezahlt, Hobbys eingeplant, die Kinder auf gute Schulen geschickt, für das Alter vorgesorgt werden. Aber ist das schon Lebenssinn? Eher wird die Sinnfrage hier zum Nutzen umgemünzt. Jede Tätigkeit wird um einer anderen willen erledigt. Wenn jeder Lebensvollzug um eines anderen willen geschieht, ergibt das Sinn?

Sie können das Gemeinte leicht selbst nachvollziehen. Denken Sie an jemanden, der bei Gesprächen immer wieder auf die Uhr schaut, oder der beim Essen daran denkt, wie viele Kalorien er abzuarbeiten hat, oder der beim Joggen nur auf den Pulsmesser schaut. Sie werden sicher zustimmen, dass derjenige sich zwar nutzbringend verhält, aber er erlebt nichts, weil er mit seinen Sinnen nicht in dem ist, was er tut. Und damit bringt er sich um etwas – nämlich um Sinn.

Manch einer setzt sich vielleicht erstmalig mit dem Sinn seines Weges auseinander, wenn Lebensinhalte und Sicherheiten abhanden kommen. Ich denke dabei an die vielen, die zurzeit ihre Arbeit verlieren und darunter leiden, dass sie den Zweck ihres Daseins nicht mehr angeben können. Es stellt sich Ratlosigkeit ein, was den Umgang mit den anderen und der eigenen Rolle angeht. Plötzlich fragen sie nach dem Sinn ihres Lebens, weil die Zwecke, denen sie sich bis dahin gewidmet haben, nun wegfallen. Der Verlust der Arbeit macht für viele den Blick überhaupt erst frei für Sinnfragen, weil man sich in dieser Situation nicht mehr durch Nützlichkeit und Effizienz rechtfertigen kann (Tiedemann).

Sinn ist nicht Funktionalismus, der in allem nur das Ergebnis sieht, und stets einem nützlichen praktischen Zweck dient, der das Samenkorn nur durch das Getreide, die Raupe nur durch den Schmetterling rechtfertigt. Sinn ist dem Nutzen weit überlegen. Der Unterschied zwischen Nutzen und Sinn lässt sich sehr gut mit einem Bild aus der Musik verdeutlichen: Stellen Sie sich eine Jazzband vor. Jeder spielt und improvisiert, aber nicht nur für sich, sondern jeder hört gleichzeitig auf die anderen. Man spielt einander die musikalischen Bälle zu, inspiriert sich wechselseitig und spornt sich zu musikalischen Ausflügen an. Jeder drückt sich zwar auf seine Art aus, dennoch reagiert man fortwährend aufeinander. Ähnlich wie Freunde, die füreinander und miteinander da sind. Also nicht weil man muss, sondern weil man gern miteinander spielt. Nicht die Leistung des Einzelnen steht im Vordergrund, sondern das Ganze, dem man sich mit seiner Musik unterordnet. Warum haben Bandspieler meist rote Wangen und funkelnde Augen? Weil das Tun an sich lustvoll ist und nicht einem fremden Zweck dient. Es spricht für sich selbst, ist zweckfrei und gerade deshalb so wertvoll, weil es seinen Wert in sich selbst trägt. Deswegen macht es tiefen Sinn.

Anhand dieses Beispiels aus der Jazzmusik möchte ich eine Bewusstheit dafür erwecken, dass das Leben mehr als nur Nutzen ist – dass es Sinn machen soll. Und dass Sinn etwas Erlebtes ist und kein Sachwert oder Konsumgut. Insofern würde ich sagen, dass Sinn seinen Sitz im Bewusstsein und im Herzen hat. Als Gefühlszustand spüre ich, ob mein Leben derzeit sinnvoll ist oder nicht, auch wenn ich es nicht rational begründen kann. Um die Frage nach dem Sinn zu beantworten, muss ich in mich hineinhören, so als würde ich fragen: Wie geht es mir eigentlich? Was ist gerade mit mir? Im Italienischen ließe sich die alltägliche Frage: »Come ti senti?« auch übersetzen mit »Wie hörst Du Dich?« Selbst das chinesische Schriftzeichen für das Wort Sinn (yi) setzt sich zusammen aus den beiden Zeichen »Klang« und »Herz«. Auch hier der Hinweis auf das Herz, auf das wir hören sollen, wenn wir den Sinn einer Sache erfahren wollen. Das Beispiel aus der Jazzmusik zeigt, wie durch das Miteinandersein und das Tun ein Weg beschritten wird, der Gefühle freisetzt, die sozusagen der »Klebstoff« sind, der Denken und Tun verbindet. Sinn wohnt im Herzen und nicht nur im Kopf.

Sinn ist eine Lebensweise, eine Lebenspraxis. Sinn scheint auf in den »kleinen Gesten, die die Welt retten«, wie J. L. Borges sagt, in der Menschlichkeit, die wir füreinander entwickeln, in der Liebe zum Lebendigen, im hingegebenen Tun und in dem, was nicht austauschbar und beliebig wiederholbar ist. Wir werden nicht erlöst durch »Google«, aber wir werden mitgenommen auf eine weite Reise durch Eichendorffs Gedichtzeilen: »Und meine Seele spannte weit ihre Flügel aus, flog durch die stillen Lande, als flöge sie nach Haus.«

Markt der Sinne

Frühere Zeiten kannten noch die Erfahrung, es sei das Schicksal, das zu Krankheit, Katastrophe, Glück oder Begegnung führt, oder Paare zusammenbringt. Wo die Menschen sich früher wie Kinder fühlten, ausgeliefert an höhere Mächte, da betonen wir heute unseren aktiven, verursachenden Anteil an den Geschehnissen unseres Lebens. Wir fühlen uns als die Autoren unseres Lebens und gestalten unser Lebensskript selbst. Wir haben das Urheberrecht. »Jeder ist seines Glückes Schmied« lautet das Leitmotiv der Gegenwart (Schenk). Die Frage, was lebenswichtig ist und an erster Stelle stehen soll, all das ist zu einer Frage eigener Wahl geworden. Der eine Gott, der einst Zusammenhang und Sinn verbürgte, ist aufgesplittert in viele kleine Hausgötter. In den großen Kirchen lichten sich die Reihen, aber es wächst das Angebot für den »religiösen Hobbykeller« (Safranski). Es gibt nicht mehr den einen großen, übergreifenden Sinn, sondern: viele Sinne. Einen Sinn im Leben müsse man sich schon selbst geben, so lautet auch die Devise in Florian Illies Portrait »Generation Golf«: »Da wir uns alles so zurechtlegen, bis es uns passt, haben wir auch ein flexibles Verhältnis zur Religion gefunden. Jeder glaubt an das, was er für richtig hält.«

Nur sind die Wege heute kurz geworden. Der religiöse Markt boomt. Parfumanzeigen nehmen religiöses Vokabular in ihr Angebot auf (Amen, Eternity, Angel, Theorema), Modehäuser haben mit Jesus-T-Shirts Erfolg, Pilgerfahrten und Reisen ins »innere Paradies« werden touristisch inszeniert, Kinofilme wie »Der Herr der Ringe« oder »Star Trek« werden zu Kassenschlagern, Musikvideos wie Madonnas »Like a Prayer« präsentieren religiöse Verzückung, und Technogruppen, die Jugendliche ansprechen wollen, setzen auf Titel wie »Vater unser« oder »Ave Maria«. Neue Lokale schmücken sich als religiöse Treffs »Buddha-Bar«, »Zen-Treff«, »Dom«, »Saint«.

Die religiösen Wahrheitsverkünder haben inzwischen die Kränkungen und Relativierungen ertragen gelernt, dass sie auf dem Markt der Sinnangebote als Optionen, Meinungen oder Gesinnungen gehandelt werden. Die Bibel konkurriert heute mit unzähligen esoterischen Schriften und die päpstliche Enzyklika rangiert neben diversen Lebenshilfen, die Erlösung im Selbsthilfeverfahren bieten. Heute gibt es viele Götter, viele Meister, viele Wertorientierungen und zahllose religiöse oder halbreligiöse Sinnausrichtungen.

Als die BILD-Zeitung nach der Wahl Kardinal Ratzingers zum Oberhaupt der römisch-katholischen Kirche titelte: »Wir sind Papst!«, klang dies wie ein Jubelschrei nach einem grandiosen sportlichen Sieg. Von »Jahrtausendsensation« war die Rede und »wie ganz Deutschland feierte«. Bedeutet es, dass wir wieder eine Religion gebrauchen können? Zumindest lässt sich ein wachsendes Interesse am Thema Religion in der Öffentlichkeit und auf dem Büchermarkt verzeichnen.

Die Trendwende hat ein Datum: Die traumatischen Terroranschläge vom 11. September 2001 förderten einen Befund ins Bewusstsein, der lange verdrängt wurde – nämlich dass Macht und Gewalt eng mit den Religionen verbunden sind. Wer sich auf die Religion beruft, handelt also nicht automatisch gut. Der Glaube kann zwar das Gute stärken, er kann aber ebenso Gewaltpotenziale mobilisieren. Mag es in Zeiten der Verunsicherung, der »Welt-Risikogesellschaft« (Beck) ein wachsendes Bedürfnis nach Orientierung geben, so zeigt sich, dass die Kirchen von diesem Trend nicht profitieren. Dennoch gibt es die schöpferischen, religiösen Kräfte nach wie vor, weil es zu uns Menschen gehört, dass wir uns eingebunden und getröstet fühlen wollen.

Ein tröstliches Bild hierzu verdanke ich dem Frankfurter Philosophen Martin Seel: So wie der Musik etwas fehlen würde, wenn es den Jazz oder die Klassik nicht mehr gäbe, so würde der Wegfall religiöser Wege als Verarmung und Verkümmerung eines Lebens empfunden werden. Es gibt starke Wünsche in uns, die sich der Zersetzung durch die Logik und der Nützlichkeit entziehen. Jeder begeisterte Musiker, jeder Fußballfanatiker, jeder Bergsteiger versteht das intuitiv. Je älter wir werden, desto mehr brauchen wir den Trost durch die großen Werke, die Religion, die Natur und vor allem – den Humor.

Der Sinn des Lebens ist »die Liebe«, sagt Gesine Schwan, ist »Verinnerlichung« und »Vergöttlichung«, sagt Rudolf Steiner, ist das »Wahre, Gute, Schöne«, sagt Helmuth Freytag, »das ewige Leben zu gewinnen«, kommentierte Papst Johannes Paul II. »Je sinnlicher desto sinnvoller«, verkündet absatzfördernd das Magazin »Der Feinschmecker«, »mit der Familie glücklich sein«, »Erfolg im Beruf«, »Gesundheit«, »Anerkennung« und »möglichst viel Spaß«, so die Reihenfolge einer FORSA-Umfrage.

Warum so viele verschiedene Meinungen? Gibt es nun eine richtige Antwort oder viele? Wenn es eine richtige gibt, wer hat nun Recht? Drücken diese Antworten vielleicht eher Wünsche aus? Oder redet jeder einfach drauflos, weil die Frage schlichtweg zu groß ist? Ich glaube, dass Letzteres der Fall ist, da wir nun mal mitten in diesem Leben stecken und nicht eine Außenposition zum Leben als Ganzem einnehmen können. Es sei denn, wir könnten über unseren Schatten springen. Aber so weit sind wir noch nicht.

Wir können nur darüber sprechen, was Sinn für uns und mit anderen ist. Es sind diese drei Fragen, die jedem im Laufe seines Lebens begegnen: Wer bin ich? Was kann ich? Wohin gehe ich? Nur wir Menschen können neben uns selbst treten, uns selbst betrachten und von außen unser Tun nach dessen Sinn befragen. Das meint schließlich der Begriff »Selbstreflexion« – die Fähigkeit, sich selbst bewusst zu erleben, zu reflektieren und zu relativieren, um dadurch zumindest teilweise Alternativen entwickeln zu können. Wenn wir darüber hinaus auch noch über unseren Zaun schauen: Wer sind meine Weggefährten? Wie schaffe ich Raum für sie? Wie kooperiere ich?, dann sind wir so gut, wie wir nur sein können. Aber nicht ein für alle Mal, sondern tagtäglich neu, wenn wir uns mit Herz und Kopf dem Leben aussetzen. Dieser Gedanke ruht auf den Schultern von Sokrates, der sagte, Sein bedeutet, etwas zu tun. Um in seinem Sinn zu sprechen: Sinn entsteht, wenn wir Sorge um uns selbst, um andere und die Dinge dieses Lebens tragen und nicht nur reden, sondern sie auch in die Tat umsetzen. Die Sinnmelodie heißt: »Sein ist Tun«.

Qual der Wahl

Sinn bleibt so lange vage, wie wir ihn nicht ausdrücken, ihm Worte verleihen, eine Rhetorik geben, ihn umsetzen. Jeder steht vor der Frage: Was ist mein Weg? Wie gewinne ich Sicherheit? Ein Weg könnte im Versuch liegen, gut zu leben, also darauf zu achten, was man einkauft, welchen Wein man trinkt, welchen Kleidungsstil man wählt, welches Auto man fährt. Solange man zufrieden ist, sich als Ästhet oder Gourmet zu definieren, mag diese Orientierung genügen. Vielleicht ist es aber nur eine vorläufige, und man fängt von vorn an. Es gibt ja heute unendlich vieles, womit Identität beschrieben wird: »Bastelexistenz«, »Ich-AG«, »Patchwork Identity«. So sind auch die Lebensentwürfe, die Menschen für sich basteln, nicht auf Dauer angelegt, sondern von vornherein absehbar, dass sie früher oder später ersetzt oder neu angepasst werden müssen.

Die Qual der Wahl lähmt die Sensiblen und ist für manche eine Überforderung. Sie wissen nicht mehr, was sie tun sollen oder tun wollen. Sie haben zu viele Optionen und scheitern gerade deswegen. Der Soziologe Ulrich Beck bemerkt: »Wir werden, im Allgemeinsten und Privatesten – zu Artisten in der Zirkuskuppel: ratlos. Und viele stürzen ab.«

In solchen überfordernden Situationen sind dann Sinnangebote, mit denen man sich identifizieren kann, hilfreich – aber auch verführerisch oder gar gefährlich. Je nachdem, ob man in gute oder schlechte Hände gerät. Vor allem einfach gestrickte Angebote, die Ordnung und »die Wahrheit« verkünden, mit Abhängigkeit operieren oder schnelle Befreiung verheißen, sind dann besonders attraktiv. Befasst man sich mit diesem schillernden Markt an Sinnangeboten, der zwischen Seriosität und Scharlatanerie oszilliert, so kann man ablesen, welche Bedürfnisse Menschen heute bewegen. Da gibt es die Sinnsuchenden, die vor allem Wissen suchen – als Beispiel die vielen Surfer im Internet –, andere, die sich eine schnelle Befreiung erhoffen – zum Beispiel nach Bob Hoffmans »Quadrinity Process« –, wieder andere, die sich ihr Heil durch Ordnungen und Antworten ersehnen – zum Beispiel Bert Hellingers »Familienaufstellungen« –, dann gibt es Orientierungssuchende, die es zu den mittlerweile unzähligen Orten der Stille hinzieht, oder das Gegenteil, die »Sensationssuchenden«, die sich von »Eso-Trips« Erlösung versprechen, und es gibt schließlich die Wachstumsorientierten, die nach Anregungen, Ideen und vor allem nach Menschen suchen, die ihre Erkenntnisse und Anschauungen glaubwürdig vertreten und leben.

Es gibt also mehr und mehr Menschen, die nicht mehr bei den institutionalisierten Sinnträgern suchen, wie beispielsweise bei den Kirchen oder den Bildungseinrichtungen. Die Leere der großen Sinnangebote wird mittlerweile mit der Freiheit individuell angepasster Wege gesucht. Vor allem Jugendliche wachsen in eine Welt hinein, in der sie die großen Sinnangebote nicht mehr bekommen. Sie erfahren zwar in der Schule, dass es sie gibt, aber sie betrachten sie wie andere Formen von Traditionen. Viele kennen die großen Sinnversprechen nicht mehr, und beklagen auch nicht ihren Verlust. So sagt eine 17-jährige Schülerin: »Mein Laptop ist wie mein Gott.« Diesen Satz hat sie durchaus ernst gemeint. Auf die Frage, was sie damit sagen wolle, meinte sie: »Er ist überall dabei. Er weiß alles über mich. Ihm kann ich alles sagen.« Ihr Laptop, der schweigend alles absorbiert und aufbewahrt, was sie ihm tippend anvertraut, erfüllt in ihrem Alltag tatsächlich göttliche Funktionen. Er stellt ihr die Allwissenheit des Webs wie ein großzügiger Gott zur Verfügung. Er ist allgegenwärtig und immer abrufbereit.

So wird das oft folgenlose Ausprobieren – ein bisschen Yoga, ein bisschen Meditation, ein bisschen Astrologie – auch verständlich. Es gibt ein Vakuum, also sucht man selbst, was sich im Alltag unmittelbar nutzen lässt. Das ist gut verständlich und hat mit Egoismus und Oberflächlichkeit nichts zu tun. Menschen suchen auf diese Weise nach lebbaren kleinen Antworten, weil es die großen nicht mehr gibt. Der Rückzug aufs Private, auf das »Ich zuerst«, ist nur der Ausdruck dafür, dass junge Menschen, deren Zukunft ungewiss geworden ist, nach solchen Antworten suchen.

Sinn von Anfang an

Sinn begegnet uns nicht erst als Erwachsenen. Sinn begleitet uns von Anfang an.

Wenn wir unseren Kindern zusehen könnten, dann wüssten wir, wie die ersten Lektionen »Sinn« geschrieben werden. Sie beginnen in den scheinbar selbstverständlichen Dialogen von Bedürfnis und Erfüllung, die das Kind mit Mutter und Vater erlebt. Was die Kinder uns nicht sagen können: Die Berührungen ihrer liebsten Menschen geben ihnen Sinngewissheit, weil sie Urvertrauen schaffen. Neben Nahrung und Nest sind es die Hände, mit denen es in Empfang genommen wird, die liebkosen, streicheln, massieren, die den warmen Strom der Liebe zum Kind leiten. Nicht nur die Berührungen, auch die erwachenden Sinne des Kindes selbst, seine Wahrnehmungen von Wärme, von beruhigender Melodie der Stimme, von liebevollen Blicken nähren seine Lust, lebendig zu sein. Am Anfang sind es vor allem die Hände, die Vertrauen und Sinn schenken. Kinder brauchen die aufmerksamen Hände nicht nur bei den ersten Gehversuchen, sondern auch in der Pubertät, wenn sie ihre eigenen Hände beim Raufen und Kräftemessen erproben und schließlich bei ihren ersten Liebesversuchen, wenn sie die Hände ihrer Geliebten schüchtern streicheln. Hände sind die ersten Sinnvermittler und auch die letzten, wenn wir einen Sterbenden bis zum Ende begleiten. Über die Hände prägt sich die Botschaft ein: Ja, ich bin angenommen. Ich kann den nächsten Schritt wagen, ich kann weitergehen.

Auch die beruhigende Stimme, die ermunternden Worte, das Lachen, die Einladung zur Neugierde und Erforschung »Komm spiel mit mir«, all dies sorgt für Sinnproviant. Ein ganzes Leben lang. Kindern, die mit allen Sinnen begrüßt werden, fällt es leicht, sich für das Leben zu begeistern, weil sie spüren, dass der Funke der Liebe auf sie übergesprungen ist. Und weil sie sicher sind, dass es sie geben soll. Genauso wie Erwachsene, die diesen Proviant genauso wenig entbehren können, weil er den Appetit auf Sinn wachhält. Aufschlussreich ist, dass Erwachsene später sagen, dass das Hungergefühl der Sehnsucht nach Sinn sehr ähnlich ist. Ohne diesen Sinnproviant weiß ein Mensch irgendwann nicht mehr, warum es ihn überhaupt geben soll. Das erlebt er als Sinnverlust. Das sind die Momente, in denen wir andere brauchen, die uns sehen, wie wir wirklich sind. Momente, die unentbehrlich sind, weil sie unser Vertrauen nachladen und den Sinnhunger stillen, damit wir unseren Weg fortsetzen.

Kinder sind mit allen Sinnen lebendiger Sinn. Mit allen Sinnen beginnen sie, sich die Welt einzuverleiben. Sie können sich selbst zwar noch nicht reflektieren, aber sie zeigen uns, wie einfach Sinnhunger gestillt werden kann, obwohl ihnen nur wenige Mittel zur Verfügung stehen. Sie lächeln einladend, strahlen vor Wonne oder schreien fordernd, weil sie die Resonanz ihrer Beschützer brauchen. Weil sie erfahren wollen, dass es sie geben muss. Weil sie ihren Lebenssinn von uns beziehen. In der Vertrauenserfahrung gewollt und geliebt zu sein, erlebt das Kleinkind den ersten Austausch von Sinn und Sinnlichkeit und die Gewissheit, dass es sich auf seine Beschützer verlassen kann, weil es nicht verlassen wird. Schon in dieser frühen Zeit baut sich das auf, was wir Selbstvertrauen nennen: »Ich bin jemand, ich werde geliebt, es ist gut, dass ich da bin.« Aus dieser frühen Wahrnehmung speist sich die Gewissheit, dem Leben gewachsen zu sein und mit der Verlässlichkeit der anderen rechnen zu dürfen. Es sind die nächsten Menschen, auf die das Kind angewiesen ist, die ihm diese Gewissheit geben, die es später auf Spielkameraden, Freunde, auf Spielregeln des Alltags, der Schule und von Institutionen überträgt.

Wenn Enttäuschungen, Versagungen, Unberechenbarkeit und Hilflosigkeit überwiegen, hat das Kind einen schweren Weg vor sich. Es geht mit inneren Wunden auf die Lebensreise. Was Kinder uns nämlich nicht sagen können: Die Unberechenbarkeit ihrer Beschützer bringt sie um Sinngewissheit. Kinder spüren sehr genau, ob ihr Hunger nach Zuwendung nur mechanisch oder liebevoll, verlässlich gestillt wird. Sie spüren dieses »Mehr«, auf das es ankommt, auch wenn sie noch keine Urteile fällen können. Je verlässlicher sie erfahren, dass ihre Erwachsenen da sind, desto lustvoller werden sie hinaus in die Welt gehen können, die Bekanntschaft mit den Dingen, mit der Natur, mit neuen Aussichten und Denksystemen suchen.

Kinder haben ein Bedürfnis nach Sinnerklärungen, man denke an die berühmten Warum-Frageketten. Sie wollen wissen, wozu etwas da ist, was man davon hat oder was man damit anfangen kann. Oft haben es diese harmlosen Fragen »in sich«, denn sie zielen auf den Grund der Dinge und weisen auf umfassendere Zusammenhänge hin. »Können Computer denken?« »Wo war ich, bevor ich geboren wurde?« »Warum gibt es böse Menschen?« Kinder fragen nicht nur aus spielerischer Laune, sondern weil ihnen diese Fragen geradezu unter den Nägeln brennen. Wie oft erlebe ich in meiner Praxis, wie Kinder mit Fragen ins Reine kommen wollen, z. B.: »Wo wohnt Gott?«, »Kennt er mich auch?«, und wie groß die Scheu ist, solche Fragen preiszugeben aus Angst, man könne dafür ausgelacht oder für komisch gehalten werden. Häufig mangelt es uns aber auch an Einfühlung und Geduld, auf solche Fragen einzugehen. Oder wir ertappen uns bei einem ungeduldigen »Das erklär' ich dir später!« »Frag nicht so viel!« »Lass das Grübeln!« Vielleicht sind wir den kindlichen Fragen nicht gewachsen, oder sie erinnern uns an eigene Zweifel und Ängste. Ich glaube, dass Kinder vor allem eines brauchen: dass wir uns mit ihnen zusammen auf die Suche nach eigensinnigen Antworten machen. Das facht die Neugier, die Lust am Wissen und den Appetit auf Sinn an. Jedes Kind überrascht hin und wieder mit tiefernsten Gedanken und verblüffenden Geistesblitzen, z. B.: »Können Blumen glücklich sein?«, »Warum werden böse Menschen so alt?«, »Wie geht es nach dem Tod weiter?« Leider verliert sich ihr originelles Fragen oft mit Eintritt in die Schule. Für die Mehrzahl der Schüler ist die Schule, so schreibt die Sozialwissenschaftlerin Barbara Sichtermann, »ein abschreckender Mischmasch aus Überforderung, Langeweile, Druck und Peinlichkeit.« Der Anpassungsdruck geht vor allem zu Lasten der Kinder, die vom Durchschnitt abweichen. Sie dürfen weder zu phantasievoll, noch zu scheu, noch zu vorlaut, noch zu sensibel, noch zu dick, noch zu unsportlich, noch zu wild, noch zu brav, noch zu eigensinnig etc. sein. Zum Glück gibt es die Pausen, in denen sie sich noch gemeinsam diese wichtigen Lektionen über Glück, Fairness, Macht, Hilflosigkeit, Trotz, Versöhnung und Rache verschaffen.

Viele lernen viel zu schnell, ihre Gedanken, Gefühle

und Wahrnehmungen der Norm anzupassen, zu resignieren, weil die Mühe sich nicht lohnt. Oder sie lernen, sich eben nur dort zu investieren, wo es etwas »bringt«. Die Folge: sie sind zu sehr damit beschäftigt, was die anderen denken könnten, zu ängstlich, der eigenen Nase zu folgen und zu bescheiden, ihren eigenen Talenten zu trauen. Sie denken, was man denken soll, und sie verlernen das Wichtigste: das Staunen und die Neugier.

Kinder, deren Fragelust wachgehalten wird, behalten ihre blitzenden Augen und bleiben neugierig, vorurteilsfrei und phantasievoll. Hört man ihnen aufmerksam zu, so staunt man selbst, wie sie aus ihren Erfahrungen stimmige Sinnstrukturen aufbauen, wie sie sich Reime aus Ungereimtem machen und wie ihnen bisweilen Sinnschöpfungen gelingen, die man nur bewundern kann.

Kinder sind Sinnschöpfer von Anfang an. Das Vergnügen ihres erforschenden Gehirns, das Fragen nach dem Warum, das Entdecken von Zusammenhängen und das Vergnügen ihrer Sinne sind von ein und derselben Natur. Das eine wie das andere ist unersättlich. Die Lust, Hände und Haut zu erkunden und die Lust, die Welt und ihre Wissensgebiete zu erkunden, unterscheiden sich kaum. Beide transportieren Sinn ins Leben, der über das Alltägliche hinausweist. Worauf weist er hin? Auf all das, was Kinder anregt, sich selbst zu erfahren, ihre Grenzen zu erforschen, sich auszutauschen, ihre Neugier zu befriedigen, Bequemlichkeit und Angst abzuschütteln. Alles, was dazu beiträgt, zu wachsen und mit eigener Stimme zu sprechen, lässt sich mit Ehrgeiz und Leistungswillen nur unzureichend erklären. Vielmehr sind es Annäherungen an den Sinn des Eigenen, weil wir ahnen, dass wir zu größeren Zielen, als wir momentan erkennen können, unterwegs sind. Denn wer weiß, vielleicht gibt es doch etwas Größeres?

Mehr Leben

»Wer weiß, was das soll.« In diesem Satz schwingt die Hoffnung mit, dass es vielleicht doch so etwas wie ein Ziel, eine Absicht, ein Muster, einen Plan oder irgendeinen Zusammenhang geben möge. »Wer weiß, wozu es gut ist.« Haben wir diesen Satz nicht hin und wieder gesagt, wenn wir einem Misslingen entkommen, oder ihm nachträglich irgendeinen Sinn geben wollten? Das Verlangen, Erfahrungen einem Sinn zuzuordnen, statt dem blinden Zufall, begleitet und lenkt unser Verhalten, mehr als es uns bewusst ist. Tatsächlich begleitet uns Sinnhunger von Anfang an. Frankl spricht von dem uns mitgegebenen Drang nach Selbsttranszendenz (Selbstüberschreitung). Auch wenn wir ihn oft nicht wahrnehmen, so kennen wir diese Beruhigung und Befriedigung, wenn es uns gelingt, Ereignisse und Erfahrungen zu verstehen und einzuordnen. »Wo Sinn erfahrbar wird, ist Glück die Folge«, so der Berliner Philosoph Wilhelm Schmid. Man müsste sehr viel Energie und Kraft aufbieten, um ohne dieses »Wozu«, diese Gewissheit, »dass etwas Sinn hat, egal wie es ausgeht« (Václav Havel), weiterzumachen.

Letztlich ist es nicht der Erfolg an sich, der Menschen

Glück, Freude und Zufriedenheit verschafft, sondern das Wissen, eine sinnvolle Aufgabe erfüllt zu haben. »Es war ein Schockerlebnis, als ich realisierte, dass meine ersehnte Berufung mich richtig kalt ließ. Ich spürte, das wird eine Einbahnstraße, die für mich keinen Sinn macht«, so die Erfahrung einer angehenden Professorin, die ihr Leben daraufhin noch einmal völlig umkrempelte.

Frankl hat den Satz zum Lebensmotto erhoben: »Wer ein Warum hat, kann jedes Wie erfragen.« Er variiert damit den Satz von Nietzsche vom Warum, das jedes Wie erträglich macht. Frankl trifft damit nicht nur mitten in unsere Sehnsüchte, sondern bekräftigt auch, dass wir ein Recht auf Sinn haben. Es ist für uns weder zumutbar noch erträglich, dass es im individuellen und sozialen Leben keinen Sinn geben solle. Das deutsche Grundgesetz bekräftigt dies, indem es die Würde des Menschen voranstellt. Damit ist Sinn auch gesellschaftlich verankert. Aber wir müssen ihn ganz und gar leidenschaftlich wollen, denn er ist nirgendwo vorgegeben. Es geht darum, ihm die manchmal verborgenen Türen zu öffnen. Letztendlich geht es um die Einstellung: Wie will ich leben? Wie wollen wir miteinander leben?

Arthur Schopenhauer, der geniale Existentialphilosoph, war einer derjenigen, die aufzeigten, wie sinnlos das Leben tatsächlich ist. Er ging davon aus, dass die Welt wie auch die Geschichte keinerlei Sinn hätten. Kein geringerer als Jean-Paul Sartre pflichtete ihm bei. Er hatte für die Erkenntnis der reinen Zufälligkeit des Universums nur noch den krassen Begriff »Ekel« übrig. Und Martin Heidegger, auch er Existentialphilosoph, ging davon aus, dass die Grundverfassung des menschlichen Daseins, das »In-der-Welt-Sein«, durch »Sorge« und »Angst« gezeichnet sei. Der Mensch findet sich einer ihm völlig unverständlichen und gleichgültigen Welt gegenüber.

Mit Nietzsches schonungslosem Blick wird das Zeitalter des Nihilismus in Verbindung gebracht: Seine Diagnose, wonach Gott als persönlicher Urheber und Lenker des Menschen tot sei, führte zu einer Ernüchterung. Von da an war klar, dass es kein Zurück mehr zur früheren Weltsicht gab. Das Gefühl der Sinnlosigkeit wurde zu einem zentralen Problem.

Je nachdem, wonach man also Ausschau hält, welche Haltung man einnimmt, mit welcher Brille man die Welt sieht, so empfindet man auch sein Dasein. Auch wenn wir nicht genau sagen können, was Sinn eigentlich ist, so suchen wir doch alle das Gefühl, Teil einer Gemeinschaft, eines größeren Ganzen, oder einer umfassenden Liebe zu sein, und wir streben nach Vertrauen und Geborgenheit. Der Grund dafür: wir halten es schlichtweg nicht aus, getrennt und allein zu sein, und wir halten es nicht aus, dass die Welt ein riesiges Chaos sein soll, in das wir zufällig hineingefallen und ganz auf uns allein gestellt sind. Wir sind darauf angewiesen, dass die Welt für uns irgendwie verständlich ist, auch wenn wir uns unserer Beschränktheit bewusst sind und sogar unter ihr leiden.

Deswegen suchen wir Beziehungen zu anderen Lebewesen, zur Natur oder einem größeren Ganzen. Jedes Leben wächst und strebt nach etwas, das der Philosoph Jean Grondin als »Mehrleben« bezeichnet. Man braucht nur eine Sonnenblume zu beobachten, wie sie sich der Sonne zuwendet, die Biene, die von Blume zu Blume geht, um Nektar zu sammeln, oder das Feuer und die Luft, wie sie nach oben streben. Haben wir nicht auch teil an diesem Streben? Menschen brauchen zweierlei: Sie benötigen Verbindung zu anderen und wollen über sich selbst hinauswachsen. Wir sind schicksalsempfindliche Wesen. Unsere Zuversicht ist störanfällig, unsere Wünsche schaffen

45

Unruhe, Aufbrechen und Ankommen, Festhalten und Loslassen – das ist die gewagte Grundstimmung, die die Sehnsucht nach dem Unaussprechlichen wachhält.

Fragen wir vielleicht nicht gerade deswegen nach Sinn, weil wir selbst fühlen, dass wir irgendwohin streben, dass es uns irgendwo hinzieht, dass es mehr als das blanke Überleben gibt? Ich spreche hier von diesem »Mehr«, von dem Augustinus so schön sagte, »wo das Leben mehr Geschmack hat«, wo das Gute, das Wahre und das Schöne wohnen. Diese Kategorien des Guten, Wahren, Schönen sind keineswegs zu abgegriffen und verbraucht, wie der Psychotherapeut H. G. Petzold betont, »um nicht in ihnen und durch sie in der lebendigen Begegnung und Auseinandersetzung mit anderen Menschen vielfältigen Sinn zu finden und zu schaffen«.

Sinn ist also nicht abgehoben, sondern zeigt sich ganz konkret: indem wir das Gute und Schöne aufsuchen und das Wahre suchen. Der Sinn ist in diesen aktuellen Kategorien beinhaltet. »Der Sinn des Lebens ist das Leben selbst.« Ein Satz, der für mich so rundum geschlossen ist wie ein Ring. Er klingt zwar tautologisch, aber er nimmt der Sinnfrage ihren tiefschürfenden Charakter. Es geht um das Leben. Und Leben bedeutet Fülle. Diese Fülle zu teilen, auszukosten, ja sogar Teil dieser Fülle zu sein, sie zu gestalten, zu beleben, zu durchleben und weiterzugeben. Dies könnte Sinn sein. Sinn, von dem wir uns aufnehmen und mitnehmen lassen – ein dem Leben geschuldeter Sinn.

Sinn ist das Leben selbst

Eine neue Erkenntnis kann auch eine vergessene alte Wahrheit sein: Sinn ist das Leben selbst. Es schenkt sich gewiss am ehesten denen, die die sublimen Wonnen der Einfachheit noch pflegen: offene Augen, wache Ohren und ein weites Herz. Die beste Hilfe gegen alle gesellschaftlichen Sinnentleerungen ist die Wiederbelebung unserer menschlichen Würden: die Fähigkeit zum Staunen, zum Hinschauen, zum Horchen, zum Schweigen, zum Lachen, zum Gehen. Sinn meldet sich auch beim aktivsten Tatmenschen aus einer tieferen Schicht des Bewusstseins, spätestens am Abend des emsigen Alltags, wenn er innehält und seine Sinne frei werden für den stimmungsvollen Abendhimmel, den Geruch des Basilikums vor dem Küchenfenster oder diesen fruchtigen roten Saft im Glas. Wenn er dann noch die Stille der Welt empfindet, den entspannten Blick seines Schweigepartners empfängt und all das zusammenfließt in einem weiten Lebensgefühl – das macht Sinn dem Dasein zuliebe.

Wir leben nicht vom Nützlichen, wir leben vom Staunen und Träumen, wir leben vom Lächeln und Schweigen unseres Gegenübers, vom Stillsein, vom Singen und Pfeifen, vom Flimmern der Sterne, von der Blume, die irgendwann verwelkt.

Wohl kaum jemand, der nicht den Luxus des Innehaltens braucht, den Duft frischer Kräuter, die Freude am Fußballspielen, das Gehen mit nackten Füßen, die noch sonnenwarmen Walderdbeeren, die Befriedigung nach einer gewonnenen Schachpartie, mal wieder kräftig miteinander singen, den Geruch von frischem Brot? Ich spreche vom sogenannten Nutzlosen, das gerade deswegen so wertvoll ist, weil es sich nicht rechnet. Das Erstaunliche an diesen Sinnenfreuden ist, dass sie uns mit einem wachsenden Respekt vor den anderen und einem selbst beschenken. Ein Gefühl, das sich entwickelt, weiter wird, sich vertieft, vergleichbar mit dem Wellenkreis, den ein ins Wasser geworfener Stein erregt. Es öffnet das Gesicht. Man sitzt aufrechter. Die Augen leuchten, wenn man jenes eigentümliche Gefühl auskostet, das von der Schale zum Kern dringt, vom Vergnügen zum Glück, von der Oberfläche in die Tiefe. Es ist jenes Gefühl inneren Erfülltseins, das wir erleben, wenn wir konzentriert zuhören, gemeinsam einem Symphoniekonzert lauschen, um dann in Begeisterung auszubrechen. Oder innerlich erschüttert, einen Film wie »Das Leben der Anderen« sehen. Unsere Sehnsucht nach dem, was mehr ist, als wir selbst, kennt unendlich viele Spielarten: die innere Befriedigung, wieder zu tanzen, einen eigenen Stein liebevoll zu bemalen, sich im Tagebuch auszudrücken, ein Klavierstück zu spielen, ein Gedicht neu zu lesen, einen Text endlich zu verstehen.

Nicht immer sind es Vorhaben, Pläne, Ereignisse, die uns zu Sinnentdeckungen führen. Oft ist es gerade ihr Ausbleiben. Zum Beispiel in der Stille, wenn wir einmal nichts tun, das Geschwätz im eigenen Innern abstellen und einfach dahin treiben im Lauschen und Nichtstun –

nicht nur in den Ferien. Als Kinder waren wir darin noch Meister. Heute treffen wir höchstens noch ein paar Künstler oder Aussteiger, die sich den Luxus gönnen, sich zu besinnen. Das schöne alte Wort »besinnen« heißt, das Gelebte in ein Verhältnis zu den Vorstellungen, Wünschen und Ideen zu bringen, die man einmal hatte. Das erfordert Zeit und Ruhe. Denn um nachzudenken braucht man einen langen Atem, das lässt sich nicht im Schnellverfahren erledigen. Aber was ist eigentlich an der Besinnung so subversiv, dass sie so gnadenlos von der Tagesordnung verbannt wurde?

Ein Blick aus dem Fenster kann bereits genügen. Man lässt die Augen schweifen, lässt sich treiben und kommt zur Ruhe. Auf einmal breitet sich da dieses Gefühl von Aufgehobenheit, Weite, Schweben aus. Eigentlich wollte man etwas Wichtiges tun und plötzlich die Entdeckung: Ist es nicht das, was ich suchte?

Bei solch einem kleinen Ausblick kann man zumindest eine Erfahrung machen: Indem ich nichts tue, habe ich genau das getan, was mich mir selbst zurückgibt. Dieses Hin und Her zwischen Zeitlosigkeit und Gegenwärtigkeit festigt den Sinn für das Jetzt, öffnet eine Sehweise, die uns in eine andere Ordnung bringt. Eine Sinnerfahrung, die uns den eigenen Leib und das eigene Leben zurückgibt. Wer damit vertraut ist, kann sich den Aufgaben und Problemen mit gesteigerter Wachheit stellen. Man gewinnt wieder Orientierung, und das bedeutet ja ursprünglich: Sinn.

Sinneslust

»Wer nicht hören will, muss fühlen«, so der Leitsatz unserer Erziehung. Hier wird Hören mit bedingungslosem Gehorsam gleichgesetzt und Fühlen als Strafe angedroht. Im Bestrafen soll das Fühlen zum Schmerz gesteigert werden. Auf diese Weise werden das Hören und Fühlen geknechtet und in einen Zusammenhang von Kontrolle und Strafe gestellt. Das ist aber eine Verkehrung dessen, wozu unsere Sinne und unsere Empfindsamkeit gedacht sind – nämlich zur gesteigerten Sinneserfahrung. Sehend, hörend, tastend, schmeckend, riechend eignen wir uns die Welt an, erfahren unser Leben im Austausch mit anderen, erfahren unsere Kultur im Austausch mit anderen Kulturen.

Unsere Sinne sind Werkzeuge der Sinneslust. Nicht zuletzt deswegen hat die abendländisch-christliche Kultur die Sinne jahrhundertelang verdammt. Aber sie sind auch unsere unermüdlichen Helfer, unsere Wächter, selbst wenn wir schlafen. Unsere Sinne erlauben uns, auf Autopilot zu schalten und dennoch geschmeidig zu reagieren ohne das Bewusstsein zu behelligen, wie es kein Computer je könnte. Ein Großteil der Informationen, die wir aufnehmen, versinken in den Tiefen des Unbewussten, dort wo unsere Urerfahrungen archiviert sind. Das Unbewusste steuert uns aus dem Off, beurteilt und bewertet alles, was wir erleben. Wir riechen den Duft eines Kirschbaums oder den salzigen Geruch des Meeres, und ein Ferientag aus längst vergangenen Sedimentschichten der Kindheit entfaltet sich vor unserem inneren Auge. Es genügt ein bestimmter Melodiefetzen oder ein Lieblingsmotiv, selbst die lächerlichste Schnulze kann Auslöser sein, und die Tränen fließen, weil eine alte Liebesgeschichte nach oben geschwemmt wird. Unsere Sinne sind die direkten Antennen zur Welt von früher und von heute. Und vor allem zu uns selbst.

Zwar ist unser Sehsinn für die Orientierung am wichtigsten, aber empfänglicher, sensibler und leistungsfähiger ist unser Ohr. Im Ohr befinden sich die meisten Sinneszellen. Sogar schon fünf Monate vor unserer Geburt ist der Gehörsinn völlig entwickelt. Er ist auch der Sinn, der sich zuletzt von uns und der Welt verabschiedet. Erst im Zusammenspiel der Sinneswahrnehmungen erzeugt das Gehirn ein sinnvolles Bild unserer Umgebung. Beispielsweise das Zusammenspiel zwischen Zunge und dem Riechzentrum. Die meisten Empfindungen, die man selbst für Geschmack hält, sind eigentlich Gerüche. Schon die Säuglinge nehmen den Duft der Mutter auf und speichern die Erinnerung daran für ein ganzes Leben.

Mit den Sinnen erfährt man Sinn. Bei jedem mögen die Sinne anders entwickelt und kultiviert sein: Einer hat mehr Sinn für Farben, der andere für Klänge, Geschmacksrichtungen oder Gerüche. In jeder dieser Ausrichtungen geht es um eine Sensibilität, eine Aufnahmefähigkeit, die es uns gestattet, eigensinnige Erfahrungen zu machen und uns in der Welt zu orientieren. Es liegt auf der

Hand: Je mehr wir unsere Sinne nutzen, desto feinspüriger und differenzierter werden sie. Und je feiner sie sind, desto reicher, erfüllter und sinn-voller wird unser Leben. Unsere Wahrnehmung wird immer vielfältiger, wacher und sinnlicher und damit auch unsere Beziehung zur Welt. Eine ältere Frau, die nach einem Bandscheibenvorfall ihre eigene Idee umsetzte, sagt: »Seit ich täglich barfuß gehe, erlebe ich die Welt anders. Ich stelle mir immer vor, ich hätte Katzenpfoten, die den Boden ganz behutsam ertasten. Ich bin seither friedlicher geworden, und gehe viel liebevoller mit mir selbst um. Es ist, als hätte ich feine Antennen an meinen Fußsohlen, die mir Auskunft geben, wie es um mich steht. Und das Allerschönste: Ich erlebe meinen Körper ganz neu, es ist, als würde jeder Schritt durch meinen ganzen Körper vibrieren. Das möchte ich nie mehr missen.«

Kaum ein Medium, das besser geeignet ist, die Großzügigkeit der eigenen Sinne zu entdecken, ist der schöpferische Ausdruck. Ob wir uns malend, singend, schreibend, spielend oder tanzend ausdrücken, ist nicht entscheidend. Wesentlich ist, dass wir für einen Moment lang wegkommen vom ständigen Unterscheiden zwischen Wirklichem und Unwirklichem, und uns die Freiheit erlauben, im Unwirklichen Wirkliches zu entdecken und umgekehrt. Es steht nirgends geschrieben, dass wir nur eine Art der Wahrnehmung leben dürfen. Warum sollten wir nicht mit dem gleichen Glauben, der gleichen Neugier anderen Wahrnehmungen trauen? Kreative Erfahrungen, die nicht von den gängigen Systemen von Logik, Pragmatik und Wissenschaft abgedeckt sind, aber dennoch so dicht, stimmig, und sinnstiftend sind, dass ihnen die allerhöchste Wirklichkeit zukommt, gehören zu den kostbarsten Sinneserfahrungen.

Sie bringen uns mit unserem eigenen Ausdruck, unserem Eigensinn in Berührung. Sie haben mit Freiheit zu tun. Das wissen am besten die, die sich ihre Nischen und Gefühlsräume geschaffen haben, in denen sie sich ausdrücken und ihren eigenen Phantasien hingeben. In einem Raum, der die Fesseln von Nutzen abwirft, weil kreativer Ausdruck eben etwas ist, das man nicht kaufen kann, wofür man nicht um Lizenz fragen muss. Wo man sein eigenes Gesicht zeigen kann und verschieden sein darf im Fühlen und Tun. Für die Tanztherapeutin Gabrielle Roth aus New York ist es der Tanz: »Leben ist ein Tanz, der Sprung in das Unbekannte. Bevor du springst und bevor du landest, ist Gott. Gott ist Ekstase: dieser Zustand, wenn alles zusammenkommt, nichts fehlt, wenn alles vibriert und elektrisiert ist. Leben ist Ekstase, egal wie du sie erleben kannst – im Bett, in der Kirche, in einem Lied. Ich bin geboren, um tanzend zu sterben.«

Eigenschöpferischer Ausdruck, in welcher Form auch immer, ist die Eintrittskarte in die Welt von Sinn und Glück. Warum? Weil es hier um die eigenen Empfindungen, Gefühle und die eigenen Ideen – um unsere Einzigartigkeit geht. Geben wir nicht dann unser Bestes, wenn wir einen Sinn für unsere Einmaligkeit entdecken?

Sinnfragen sind gesund

Freud hat einmal gesagt: »Im Moment, da man nach Sinn fragt, ist man krank.« Ein Satz, der immer wieder zitiert wird und zur gemütlichen Binsenweisheit geworden ist. Das heißt aber noch lange nicht, dass er auch wahr ist. Eher stimmt das Gegenteil: Wer über längere Zeit keinen Sinn in seinem Leben spürt, riskiert krank zu werden. Menschen haben im Unterschied zu Tieren und Pflanzen ein ihnen ureigenes Bedürfnis, den Sinn ihres Daseins verstehen zu wollen. Es gehört zu uns, dass wir uns nicht selbst gehören. Aus diesem Vermögen erwachsen schließlich Kultur, Kunst, Religion, Wissenschaft und die Verantwortung für das Leben und nicht nur für das eigene Ich. Sie alle sind die verschiedenen Gesichter oder Ausdrucksformen von Sinngebung und Sinnsuche. Wir sind darauf angewiesen, uns in größeren Zusammenhängen zu verstehen. Sicher geschieht das oft nicht bewusst, sondern eher vorbewusst oder mitbewusst wie eine Art Hintergrundmusik. Aber es ist wohl eher ein Zeichen von Gesundheit, wenn wir uns für diesen Spielraum von Sinn wach und offen halten.

»Wer zu tun hat, hat kein Sinnproblem«, so eine Behauptung von Sozialphilosoph Norbert Bolz. Heißt das nun, immer aktiv sein, immer weiter wollen, stets in Bewegung bleiben und ja nicht Fragen nach dem »Warum?« oder »Wozu?« aufkommen lassen? Was würde passieren, wenn jener Tüchtige sich fragt: Warum renne ich eigentlich wie ein Hamster im Laufrad? Vor was laufe ich davon? Wem laufe ich hinterher? Würde er innehalten, könnte ihn nämlich trotz aller Tüchtigkeit und Erfolg doch ein Gefühl ereilen, das den Namen »Sinnlosigkeit« trägt. Also fragt man lieber nicht, sondern rennt weiter. In dieser Lebensphilosophie sind Fragen, Umwege, Irrwege nicht vorgesehen. Deswegen komme ich zurück zu Freuds Behauptung und stelle dagegen, dass es geradezu ein Zeichen von Gesundheit ist, wenn jemand den Mut hat, sich in seinen verändernden Beziehungen zu Menschen und Dingen immer wieder selbstkritisch zu hinterfragen. Wo stehe ich gerade? Was gehört zu mir? Was will ich lassen? Wie will ich werden? Worauf hoffe ich?

Die Vorstellungen vom Sinn verändern sich mit den Jahren. Was dabei wächst, ist vor allem die Erkenntnis: was gestern Sinn machte, ist heute neuem Sinn gewichen. Eigentlich könnte man die verschiedenen »Sinne« nach Lebensjahren ordnen. Allein die Sprache gibt versteckte oder offene Hinweise auf das Lebensalter. Die Worte »Kick«, »Trip«, »Eroberung« passen wohl eher in die jugendliche Phase des Ausgebens, der Verschwendung. Während Begriffe wie »die eigene Mitte«, »Arbeit«, »Verantwortung« im mittleren Lebensalter angesiedelt sind, bis hin zur Bilanz im Alter, wo man auch an den Worten ablesen kann, dass Sinn altert: »Rückblick«, »Gelassenheit«, »hinterlassen«.

Mir wurde eine E-Mail zugeschickt, die ich etwas verändert weitergebe und die diese Veränderung von Sinn über die Lebensspanne aus weiblicher Sicht aufgreift.

Auch wenn sie als Unsinn gedacht war, so trifft sie doch im Kern, wie dieser Wandel von Frauen erlebt wird.

Frauensinn

Mit 3 Jahren: Sie schaut sich an und sieht eine Königin.
Mit 8 Jahren: Sie schaut sich an und sieht Aschenputtel.
Mit 15 Jahren: Sie schaut sich an und sieht eine hässliche Doppelgängerin: ›So kann ich unmöglich in die Schule gehen!‹
Mit 20 Jahren: Sie schaut sich an und sieht ›zu dick/zu dünn, zu klein/zu groß, zu glatt/zu lockig‹, sie macht sich zurecht und geht trotzdem aus.
Mit 30 Jahren: Sie schaut sich an und sieht ›zu dick/zu dünn, zu klein/zu groß, zu glatt/zu lockig‹, aber sie entschließt sich trotzdem auszugehen, obwohl sie keine Zeit hat, sich zurechtzumachen.
Mit 40 Jahren: Sie schaut sich an und sieht ›zu dick/zu dünn, zu klein/zu groß, zu glatt/zu lockig‹, und sagt sich ›wenigstens bin ich sauber‹ und geht trotzdem aus.
Mit 50 Jahren: Sie schaut sich an und sieht ›Ich bin‹, und geht dorthin, wo sie hingehen will.
Mit 60 Jahren: Sie schaut sich an und denkt an all diejenigen, die sich nicht mehr im Spiegel sehen können, geht aus und erobert die Welt.
Mit 70 Jahren: Sie schaut sich an und sieht Weisheit, Lachen und Können, geht aus und genießt das Leben.
Mit 80 Jahren: Sie hat keine Lust mehr zu schauen. Setzt sich einen violetten Hut auf, geht aus und amüsiert sich köstlich.

Männersinn

Stellvertretend für die Männer möchte ich Woody Allen sprechen lassen: »Ich wurde gerade 60. Praktisch ein Drittel meines Lebens ist nun vorbei.« Der allmähliche Rückzug aus dem Wettbewerb und Stress des Alltags, die Selbstbefreiung aus den Schraubstöcken der Verpflichtungen – vielleicht ergeben diese Entlastungen die mit 60 beginnende späte Freiheit, man selbst zu sein, bisher ungenutzte Potenziale zu entfalten und neue Sinnsetzungen umzusetzen.

Vielleicht sollten sowohl Frauen als auch Männer den violetten Hut einfach früher aufsetzen. Das würde uns allen so manchen Kummer ersparen. Jedenfalls lese ich diese Zeilen mit etwas Wehmut, denke an die Unbefangenheit und Selbstverständlichkeit, mit der wir Kinder unsere Träume und Zärtlichkeiten in Wasser, Sand, Erde und Knetmasse modelliert haben, an die Überfülle von Gefühlen und Unsicherheiten der Jugendzeit, die allmählich zu Lebens- und Selbsterfahrungen übergehen, die den Blick auf das Leben schärfen, ihm Prägnanz und Intensität geben. »Heute bedarf es nicht mehr einer himmelstürmenden Liebe, um mir eine Hochstimmung zu bescheren. Meine beruflichen Erfolge finde ich zwar beruhigend, aber sie werfen mich nicht mehr vom Hocker«, so erlebt es eine Freundin, die die Gabe hat, die spannendsten Bilder zu sehen, die sich ihr eigener Blick rahmt. Eine zerknitterte Serviette, eine Wolkenformation, ein Stein, all dies offenbart sich ihr und wird zu einer Geschichte. Lauter kleine Wunder, die wir wahrscheinlich früher nicht einmal bemerkt hätten.

Wachheit für den eigenen Weg und Neugier sind die beiden Geigen, die zum Tanz aufspielen, wenn es um die immer reicher werdende Melodie unserer Sinngebungen geht. Ich meine hier nicht die Neugier, die beim Nachbarn ins Fenster schauen will, sondern die gesunde Neugier gegenüber sich selbst und den anderen im Sinne des Verstehenwollens, Mitfühlens und des Lernens. Die Neugier, die nicht vom Schulabschluss abhängt, sondern von der Offenheit, die wir uns hinübergerettet haben aus Kinderzeiten, als wir noch ohne Vorurteile alles schmecken, berühren, anschauen und hören wollten. Im glücklichen Fall gibt es mit den Jahren einen Zuwachs an Sinn, so dass die neuen Sinngebungen die alten auf einem anderen Niveau mit einschließen, korrigieren und erweitern – bis wir schließlich bereit sind, den violetten Hut aufzusetzen.

Gefühle der Sinnlosigkeit

Um die Lebensmitte verändert sich die Perspektive. Eine der unsanften Erschütterungen ist der Zusammenbruch des stillschweigenden Kontraktes mit der Welt. Plötzlich platzt die Illusion, dass, wer positiv und optimistisch eingestellt ist, vom Leben belohnt wird, positive Dinge erfährt und sich alles von selbst einrenkt. Stattdessen erinnern Schicksalsschläge, Krankheiten, Niederlagen an die eigene Verwundbarkeit, und mitunter fügen wir selbst unnötiges Leid noch hinzu. Das Älterwerden konfrontiert uns oft auf schmerzliche Art, dass man sein Leben nicht vollständig in der Hand hat, dass man hilfloser ist, als es einem lieb ist. Trotz bester Vorsätze zerbrechen Beziehungen, platzen Träume, entschwinden Chancen. Erlittenes und Selbstverschuldetes erschüttert nicht nur das Selbstbild, sondern mitunter auch das gesamte Weltbild. »Plötzlich musste ich kapieren, dass nicht nur ich, sondern auch mein Gott ein Riesen-Weichei ist«, so die flott formulierte Erkenntnis einer Theologiestudentin, die schlagartig erkannte, dass nicht jedes Scheitern nur Pech und dass man als Erwachsene ganz schön allein ist, weil niemand anders da ist, der einem die Verantwortung abnehmen kann.

In der Lebensmitte verschärft sich dieses Gefühl, wenn die bisherige Verankerung im Sinn durch das Engagement für andere und in vertrauten Seinsweisen oder Lebensaufgaben den Wogen der Verlustgefühle nicht mehr standhält.

Weniger ist es wohl die Frage nach dem Sinn des Lebens im Allgemeinen, die Menschen dann umtreibt, als vielmehr ganz persönliche Fragen: Warum trifft es mich? Warum gerade jetzt? Was soll das bedeuten? Dieser Zustand von Trübsinn, Hoffnungslosigkeit, Lethargie und unspezifischer Traurigkeit, den man früher Melancholie nannte, wird heute offiziell Depression genannt. Das klingt ernst, psychologisch und wird allgemein akzeptiert als Entschuldigung, ähnlich wie ein gebrochenes Bein, wenn man keinen Sinn mehr darin sieht, das zu tun, was man tun sollte. Im Gegensatz zur Trauer gilt sie heutzutage als anerkannte Krankheit, die am besten mit Medikamenten, Lauftraining und Psychotherapie behandelt wird. Sie kennt verschiedene Ausmaße – kurz, mittel, lang –, und wen sie öfters heimgesucht hat, der weiß: Sie bleibt nicht ewig.

Man kann sich phasenweise von solch schwarzen Gefühlen ablenken, sie mit zwei Gläsern Wein vor dem Schlafengehen ertränken, sie wie eine Grippe ausliegen und pflegen, oder man kann sie wegschlafen, aussitzen, oder nach Entsprechungen Ausschau halten, wie beispielsweise das schlechte Wetter, die Übellaune des Partners, die schlampigen Umgangsformen von Freunden. Manchmal spürt man diesen Zustand schon kommen, und kann noch rechtzeitig entwischen, bevor es einen erwischt hat. Für den einen ist es ein neues Projekt, das die ganze Kraft beansprucht, eine neue Liebesbeziehung oder eine berufliche Veränderung. Und manchmal hilft es, wenn man sich einer nahen Person anvertraut, oder ganz einfach ein bisschen liebevoller für sich selbst sorgt.

Trauer ist raffinierter. Vergleicht man die Depression mit einer klatschnassen Decke, die sich schwer über die Tage legt, so spielt die Trauer eher Katz und Maus mit einem. Sie versteckt sich. Während wir auf dem geliebten Waldweg spazieren gehen oder auf einem Fest mit anderen scherzen und plaudern, überfällt sie einen plötzlich, weil man gerade ein vertrautes Lied vernimmt, oder ein bestimmter Geruch Erinnerungen nach oben schwemmt. Es ist kaum möglich, Trauer zu bekämpfen oder zu verbannen. Sie schleicht sich durch die Ritzen in die Sonntagsruhe, in das Lesen und in die Träume, aus denen man tränennass aufwacht.

Wurde uns nicht beigebracht, dass es im Leben immer weiter und aufwärts geht, dass es immer vorwärts schreitet, und dass immer Neues zum Alten hinzukommt? Neue Freunde, neue Liebhaber, aufregende Interessen, neue Kleider, neue Reisen, überraschende Begegnungen. Und immer dann, wenn wir wieder einmal etwas Liebgewonnenes verloren haben, erinnern wir uns daran, wie viele Verluste wir schon hinnehmen und verkraften mussten. Unsere Räume füllen sich immer mehr mit Abwesenden, Verlorengegangenem, Vergeblichem. Der Garten, in dem wir Maikäfer eingefangen haben, der Teich, in dem wir Kaulquappen in Gläser eingesammelt haben, der Speicher, auf dem wir in alte Klamotten geschlüpft sind, der Liebhaber, der mit uns bis ans Ende der Welt reisen wollte, die Freundin, mit der wir bis zum Lebensende zusammen bleiben wollten, der Freund, der nie mehr von sich hören ließ und all die anderen, die sang- und klanglos verschwunden sind.

Und die Eltern, die sterben oder sich zurückziehen in die Dämmerung des Altwerdens und das Interesse an ihren erwachsenen Kindern verlieren. Eltern, die am liebsten über ihre Krankheiten sprechen. Plötzlich fühlt man sich so merkwürdig allein, weil man realisiert, dass die eigene Mutter kaum mehr beeindruckt ist, wenn man sich scheiden lässt, den Arbeitsplatz verliert oder von einer neuen Liebe aus den Angeln gehoben wird. »Ich bin weniger interessant als ihr pünktliches Abendessen«, so der Kommentar einer Tochter.

Genug Gründe für Gefühle der Sinnlosigkeit. Auch wenn grelle Schmerzen sich mit der Zeit mildern, auch wenn man sich über die Jahre allmählich mit Verlusten vertraut gemacht hat, oder zumindest sich daran gewöhnt hat, dass Verluste auch einen selbst treffen, so verlieren wir nie restlos die Stimme dieses vierjährigen Kindes in uns, das aber auch gar nichts und niemanden verlieren will.

Trauer kommt und geht, flackernd wie ein Feuer, das immer wieder aufflammt. Man kann lernen mit ihr umzugehen, sich zu verabschieden. Man kann kleine Schritte unternehmen, um sich dem Leben wieder zuzuwenden. Man kann auf andere zugehen, deutliche Signale geben, dass man Unterstützung und Trost braucht. Depression ist anders, weil sie sich wie ein schlechter Geschmack über die Tage legt – wie ein verdorbener Fisch im Küchenschrank – und den Geschmack am Leben verdirbt. Wozu noch die Kleider aufräumen, Einladungen annehmen, Anrufe beantworten, was Leckeres kochen, die Wohnung putzen? Stattdessen häuft sich das Liegengelassene – die unbeantworteten Briefe, die eingeweichte Wäsche, die verlegten Gegenstände und die ungelesenen Zeitungen. Vitale Unordnungen sehen anders aus, da gibt es Bücher aus der Bibliothek, ausgeschnittene Zeitungsartikel, diverse Kleider und ein paar Kochrezepte für den Besuch am Wochenende. Depressive Unordnungen folgen der Schwerkraft, die abgelegte Wäsche, die am Boden liegt, stehen gelassener Tee, Fertigpizza und Verlegtes auf dem Boden, weil es zu mühsam ist, sich zu bücken.

Wenn es reale Gründe gibt für solche »Sinnlosigkeitsabstürze«, wie beispielsweise mehrere Tage mieses Wetter, Weihnachten allein, ein verpasstes Treffen oder eine abservierte Liebschaft, dann kann man sie irgendwie hinter sich bringen, sie »aussitzen« und darauf vertrauen, dass sie vorbeiziehen. Aber wenn der ersehnte Rückruf vom Liebhaber nach drei Tagen nicht kommt, dann gehört das eher in die Kategorie Leben.

Am meisten leidet man wohl, wenn man sich allein gelassen fühlt, wenn sich niemand mehr für einen interessiert, geschweige denn Mitgefühl aufbringt für das, was einen bewegt. Aber schlimmer noch als die mangelnde Beachtung von anderen ist der Mangel an Zuwendung, die wir anderen geben können. Nicht gemocht, übersehen oder verletzt werden ist schlimm; niemanden zu haben, den wir mögen oder lieben dürfen, ist noch schlimmer. Stellen Sie sich vor, es geschähe eine Katastrophe und Sie würden allein übrig bleiben. Es gäbe niemanden mehr, den Sie lieb haben könnten. Welch grausamer Gedanke! Gerade deswegen legen sich vereinsamte Menschen gern einen Hund oder eine Katze zu. So finden sie ein Gegenüber, mit dem sie sprechen, das sie streicheln, umsorgen und lieb haben können. Ob Haustier, Kind oder Freund, jemanden zu haben, dem man Beachtung schenken kann, ist eine der wertvollsten Möglichkeiten, auch sich selbst etwas Liebevolles zu geben. Sich mit anderen auszutauschen, um sie zu sorgen, ist nicht nur ein Ausweg aus der eigenen Begrenztheit, sondern das beste Mittel gegen sinnlose Einsamkeit.

Wir sind von Natur aus gesellige Wesen und angewiesen darauf, dass wir Gefühle mit anderen teilen. Bleiben wir nur in der eigenen kleinen Welt gefangen, fehlen uns die Vergleichs- und Korrekturmöglichkeiten mit den Gefühlswelten anderer. Die Folge ist: wir deuten die Reaktionen und Empfindungen anderer, wie auch unsere eigenen, verzerrt und falsch, weil wir »Nichtschwimmer« im Umgang mit anderen und daher auch mit uns selbst geworden sind.

Mit anderen teilen und für sie zu sorgen ist der Königsweg zum Eigensinn. Schon im kleinen Maßstab leuchtet das ein. Wenn wir jemandem etwas schenken und sehen, wie der andere sich freut, wirkt diese Freude automatisch auf uns selbst zurück.

Wie schützt man sich vor Sinnlosigkeitsgefühlen? Man interessiert sich für andere, hört ihnen zu, baut sie auf, auch wenn man es selbst nötig hätte, wartet nicht bis Weihnachten, bevor man etwas verschenkt, macht anderen das Leben ein bisschen leichter und verwöhnt sie hin und wieder. Das verschafft nicht nur anderen gute Laune, sondern auch einem selbst. Meist sind es ziemlich schlichte Erfahrungen, die uns dem Leben wieder zurückgeben: die Freude am gemeinsamen Glas Wein, die Hilfe beim Computerabsturz, das gemeinsame Schwimmen gehen, nebeneinander im Gras liegen, blödeln, oder ein Zettel mit einer Liebesbotschaft.

Sinnräuber

Sinn unter den Schichten von Erwartungen, Pflichten, Notwendigkeiten zu finden, ist keine einfache Aufgabe. Zuviel zerrt an uns: Zerstreuungen, das Spiel der Oberflächen und der hohe Preis, den viele freiwillig entrichten, um ständig erreichbar und verfügbar zu sein. Allein schon die Forderung, immer im Stand-by-Modus zu sein. Sein ohne Handy ist ja fast unmoralisch geworden – wer will denn schon von gestern sein? Hauptsache »es läuft« irgendwie. Natürlich gehört eine gewisse Selbstverständlichkeit streckenweise zur Lebensbewältigung. Wer ständig in sich hineinhorcht, jede Gefühlswallung hinterfragt, kommt einfach nicht richtig in die Puschen und verpasst wie ein Musiker seinen Einsatz. Eingeschliffene Lebensläufe, einengende Verpflichtungen, strikte Tagespläne bieten zwar Halt und Berechenbarkeit, aber wenn die Magnetnadel sich ständig in der gleichen Rille bewegt, verschwinden allmählich die Reibungsflächen. Man erstarrt in Routine und Sinnmangel, der Antrieb schwindet und neue Entwicklungen werden im Keim erstickt. Albert Schweitzer sprach in diesem Zusammenhang von der »Schlafkrankheit der Seele«, die sich fast unmerklich ins

Leben einschleiche und deswegen so gefährlich sei. Sobald Zeichen von zunehmender Gleichgültigkeit, Nachlässigkeit, Verlust an Schwung, Lebenslust und Vitalität auftauchen, sei man gewarnt. Sie sind ernstzunehmende Botschaften, die, wenn sie unerhört bleiben, zu innerem Kontaktverlust führen.

Jeder kennt solche Versteinerungen, wenn das Leben festgefahren und zur Routine geworden ist. Manche Sinnräuber sind uns bewusst, und wir mobilisieren neue Vorsätze, wohl wissend, dass den Neujahrsvorsätzen nur ein bescheidener Erfolg vergönnt ist. Ein typisches Beispiel für dieses Dilemma: der ständige K(r)ampf mit Badezimmerwaage und Diät. Das Essen ist heute so problematisch wie die Sexualität vor 70 Jahren. Übergewicht zu vermeiden ist schwieriger geworden, als eine ungewollte Schwangerschaft zu verhüten. Wie soll man gut denken und gut lieben, wenn man ständig auf Diät ist und immer wieder rückfällig wird? Dahinter steckt mehr als nur das Heil des Körpers. Es handelt sich um eine tief sitzende Angst, die Menschen mit Essen oder Nichtessen behandeln. Gäbe man ihr eine Stimme, so würde sie fragen: »<u>Was würde mich denn sonst nähren, wenn ich das Essen nicht hätte</u>?« Statt emotional zu hungern, überträgt man seine seelischen Bedürfnisse auf das Essen. Ein Teufelskreis beginnt und die Folgen sind sichtbar und messbar. Verkniffene Gesichter, schlechte Laune und Nerven wie Seidenfäden.

Wer würde schon bezweifeln, dass er unter Stress steht und den Weg des geringsten Widerstandes oft als einzig gangbaren Weg sieht? Ein Gläschen zu viel am Abend, weil niemand da ist, der einen tröstet, die heimliche Entspannungszigarette, die besessene Beschäftigung mit Fitness, das zwanghafte Beten, die Anhäufung von Gegenständen, die besinnungslose Pseudoaktivität, das exzessive

Telefonieren. Kaum einer, der frei ist von solch angstreduzierenden Strategien, die eines gemeinsam haben: man weicht sich und seinen Gefühlen aus, weil man nicht fühlen möchte, was man fühlt. Die Folge: Man überträgt seine seelischen Bedürfnisse auf Surrogate, auf »Ersatztranszendenz« (Peter Sloterdijk), entfernt sich mehr und mehr von seinem inneren Wesen und sucht sich ständig dort, wo man nicht ist. Sämtliche Ersatzstoffe erzeugen momentane Hochgefühle, sind »Freunde ohne Freundschaft«, wie die Autorin Connie Palmen es bezeichnet. Nur wenn ihre Wirkung nachlässt, fühlt sich der Gedopte einsamer und sinnleerer als zuvor. Nichts gegen moderaten Genuss. Kleine »Himmelfahrten«, um sich der Schwerkraft dieser Welt zu entziehen und wenigstens zeitweise die Last des Lebens leichter zu nehmen, tragen sicher mehr zur Sinnlichkeit bei, als ein moralinsaures Nüchternsein.

Es darf nicht vergessen werden, dass sich zu allen Zeiten Menschen ihre Sehnsucht nach einem besseren Leben zumindest partiell mit dem Gebrauch von Drogen erfüllt haben. Aufschlussreich, dass die am meisten verbreiteten Süchte heute nicht die Drogen, sondern das Essen und das Fernsehen sind. Beides Süchte, die 24 Stunden rund um die Uhr verfügbar sind. Während wir heute von massiven Suchtproblemen betroffen sind, so kannten die alten Kulturen zwar den ritualisierten Gebrauch von Drogen, aber keine Drogenprobleme. Ihre Drogenerfahrungen waren ritualisiert, vom Alltag abgesetzt und vom Miteinander getragen. Sie dienten nicht der privaten Berauschung, sondern sozusagen als »Türöffner für die Götter«. Während wir heute keine Rituale mehr kennen, die es uns erlauben, zum Überwältigenden der Droge ein Verhältnis aufzubauen, sondern uns selbst mit unseren Sehnsüchten überlassen oder zumindest tendenziell allein gelassen sind.

Eine betroffene Alkoholikerin drückt das so aus: »Unserem Gott ist es doch egal, ob wir nüchtern durchs Leben gehen oder drogiert mit Wahrheiten herausrücken, solange wir unsere Arbeitstüchtigkeit einigermaßen bewahren.« Und sie zitiert den bekannten Slogan: »Nicht mehr Sorgen zu haben als Likör, aber auch nicht mehr Likör als Sorgen.« Sie funktioniert mit Hilfe des Alkohols und weicht der Sinnfrage aus. Ihr Leben funktioniert, aber das ist auch alles.

Statt nun die Menschen, die mit Glücksdrogen über den Alltag hinwegschweben wollen, als Verlierer oder willenlose Versager zu sehen, die ihre Selbstzerstörung beschleunigen, könnte man sie als Sinnsuchende verstehen, die zu wenig haben, wofür sie leben können. Sucht heißt im Kern: Sinn suchen. Allerdings ist es eine Suche, die steckengeblieben ist und in die illusionäre Grenzenlosigkeit abgedriftet ist. In der Sucht kann die Person im Wiederholungszwang immer nur dasselbe machen. Heilung hingegen wäre zu lernen, nicht das Opfer seiner Sehnsucht zu sein, sondern produktiv mit ihr umzugehen. C. G. Jung wies mehrfach darauf hin, dass der Suchtdrang auf einer materiellen Ersatzbühne dem spirituellen Durst nach Ganzheit entspricht und als impliziter Versuch, sich mit den höheren Kräften zu verbinden, zu werten ist. Aber es ist ein Umweg, weil man sich in den Glücksdrogen verirrt. Eine kurze Sinneuphorie, die rasch verfliegt, wenn es vorbei ist und viel Frust und körperlichen Schmerz hinterlässt. Was aber bleibt, ist der Sinnappetit – immerhin mehr als die Resignation, die keine Hoffnung mehr kennt.

Es braucht Mut zur Frage: Was ist eigentlich mit mir? Den unerschrockenen Mut, die Augen nicht zu verschließen vor der Einsicht, dass die Sucht stärker ist als die Illusion der Selbstkontrolle. Der Autor und Psychotherapeut

James Hollis, ein erfahrener Kenner der »Sümpfe der Seele«, weist in eine ähnliche Richtung, indem er sagt, dass die Aufgabe, so beängstigend sie auch sein mag, darin liegt, sich der Sucht zu stellen, in sie einzutauchen, um die ursprüngliche Sehnsucht auszugraben. Das heißt, in die Angst hineingehen und »hineinknien«, fühlen, was man wirklich fühlt, um die Tyrannei alter, ungelebter Emotionen aufzuspüren und aufzulösen. »Nur der Abstieg in die Hölle kann uns aus der Hölle befreien«, so resümiert er.

Ob es uns bewusst ist oder nicht, unsere süchtigen Muster sind immer Abwehr gegen Angst. Sämtliche Süchte sind letztlich Strategien gegen die Angst. Wenn die Angst steigt, verfallen Menschen in Wiederholungszwänge, die es ihnen erlauben, sich an etwas festzuhalten. Die schnelle Zigarette, der Schluck aus dem Glas, der Griff zur Schokolade. Oft ist es der Person nicht einmal bewusst, was sie gerade tut. Dabei denke ich an einen 45-jährigen Bankkaufmann, glücklich verheiratet, zwei Kinder. Trotz glatter Karriere wirkt er unsicher, distanziert. Er sagt: »Früher beschäftigte ich mich mit Philosophie und war fasziniert von der Zoologie. Mich interessierte, was Menschen und Tiere bewegt, was sie fühlen und wie alles zusammenhängt. Durch meinen Beruf habe ich alles vernachlässigt und nur noch auf Karriere und Geld gesetzt. Die Folge: Es berührt mich nichts mehr, ich dröhne mich jeden Abend mit Essen für drei und so viel Wein weg, dass ich die Gläser nicht mal zählen kann. Ich habe nur noch Angst.«

Wenn Menschen all das haben, was ihnen Zufriedenheit geben könnte und dennoch das Gefühl haben: »Ich lebe ja gar nicht«, dann haben sie wahrscheinlich schon früh erfahren, dass Anpassung wichtiger ist als ihre eigenen Träume, Wünsche und Sehnsüchte. Vielleicht wurden sie in Lebenswege hineingeschoben, und später machten sie sich diese Zwänge zu eigen, ohne dass es ihnen recht bewusst wurde, dass sie verlernt hatten, auf ihre eigenen Gefühle zu hören.

Es muss nicht einmal etwas Beängstigendes geschehen, und dennoch ist diese Angst da, die einen im Griff hat, sogar am helllichten Tag. Man fürchtet sich nicht mehr vor etwas, sondern ist einfach ängstlich, hilflos, mutlos, ratlos. Ähnlich wie früher auf dem Spielplatz, wenn alle anderen spielen, und man nicht weiß, wie man in dieses Spiel mit hineinkommt. Vernünftige Argumente helfen nicht, weil die Angst stärker ist als der gesunde Menschenverstand. Sie lebt tief innen in unserem Reptiliengehirn, in unserem unergründlichen, dunklen Loch Ness. Durch Vernunft ist sie nicht zu beeindrucken und auch nicht durch Willenskraft.

Angst kann streuen wie ein Tumor. Es braucht einen Schlüsselreiz – ein Autoschaden, eine Hautveränderung, ein schräger Blick – und plötzlich spielt das ganze System verrückt. Obwohl das Auto schnell repariert, die Hautirritation harmlos, das Gerücht sich als Irrtum herausstellt, gerät das innere Gleichgewicht außer Rand und Band. Sogar das klingelnde Telefon, die ungeöffnete Post, die komische Bemerkung eines Kollegen erzeugen dieses düstere, misstrauische Lauern. Ganz zu schweigen von Lifts, Marktplätzen, Tunnel, Brücken: Da hat man nicht nur Angst, sondern ist Angst durch und durch.

Ablenkungen wie Fernsehen oder Glücksdrogen sind zwar leicht zugänglich, aber sie sind nur ein schwacher Ersatz, denn nichts geht über die Wärme und den ruhigen Atem eines geliebten Menschen. Einsamkeit, Hilflosigkeit und zu viel Zeit zum Denken sind der Boden, auf dem Angst sich ausbreiten und gedeihen kann. Wie entkommt man diesem Zustand? »Geh' aus dem Haus«, sagen die

Alten. »Geh' aus und pflege Bekanntschaften und Freundschaften«, sagen die Jungen. Und meine Empfehlung: »Entwickle eine gewisse Aufmüpfigkeit, freche Gelassenheit, oder eine gesunde Portion Trotz.« Die Worte »Trotz allem« sind nämlich ein sehr ermutigendes Mantra. Denn Mut ist Macht. Mut bewahrt uns zwar nicht vor dem Autounfall, aber Angst erst recht nicht. Sowohl Angst als auch Mut verstärken sich, wenn man sie übt. Wenn ich heute Angst vor dem Lift habe, werde ich nächstes Jahr Angst vor dem Autofahren haben. Wenn ich heute auf die Turmspitze steige und nach unten schaue, werde ich später schwindelfrei (so wie Goethe uns das vorgelebt hat), und irgendwann habe ich vielleicht Lust auf Flugstunden. Mut kann man wie einen Muskel trainieren.

Dennoch verdient die Angst unseren Respekt und vor allem: unsere Toleranz. Manchmal ist die Couch eines Freundes wichtiger als heroisches Durchhalten. Und manchmal brauchen wir eine warme Höhle wie einst. Eine Höhle, in der wir uns dem warmen, friedlichen Atem eines anderen anvertrauen und nur lauschen. Denn diese Geborgenheit kennen wir alle: so begann die Welt für uns. Und genau in diese Geborgenheit wünschen sich Süchtige, Schüchterne, Ängstliche, Verzweifelte, und die, die keinen Ausweg sehen.

Die Sucht will mit uns reden, weil sie unsere Sehnsucht ganz nach vorn holt. Und mehr noch – sie führt uns zu der Stelle, wo neuer Sinn liegt, wenn wir den Mut haben, ihn auszugraben. Oder wie der Psychiater R. D. Laing es ausdrückte: »Man kommt nicht aus dem Gefängnis, bevor man nicht weiß, wofür man drin war.«

Ein Ausstieg aus diesem ewigen »Mehr desselben« würde die Seele verflüssigen, so dass sie als »die Bewegliche« (ahd. *sela*) einen dorthin bewegt, wo unsere Einzigartigkeit, unsere innere Zusammengehörigkeit ihren wahren Ort hat. »Ich versuche nicht mehr, den Dingen auszuweichen. Seit ich mich ernsthaft gefragt habe: ›Was tust du da eigentlich?‹, packt mich ein regelrechter Widerwille gegen dieses ›Sich-Wegbeamen‹. Nie mehr lasse ich mir dieses hartnäckige, unbeirrbare Vertrauen nehmen. Es ist, als hätte ich nun Zugang zu dieser inneren Stimme gefunden, die mir immer wieder einflüstert: ›Du hast nichts zu befürchten.‹« Diese Frau, die ihren »Ausstieg« gewagt hat, versucht nicht mehr auszuweichen. Seither fühlt sie sich bewusster, lebendiger, geistig klarer und körperlich kühner, natürlich all dies im Rahmen ihrer Möglichkeiten als Mutter von vier Kindern. Was sie entdeckt hat: Es braucht ein Nach-innen-Lauschen, das ganz anders ist als die süchtige Selbstbeschäftigung. Denn nun geht es um das Selbstsein. Um eine Selbstzuwendung, die eine größere Unabhängigkeit einleitet, weil sie weniger bereit ist, sich »wegzumachen«, sich besetzen oder zurückstellen zu lassen. Die Therapeutin Katrin Wiederkehr nennt sie treffend »eine neue Durchlässigkeit für das Wesentliche«. Eine Durchlässigkeit, die Raum schafft für eine neue Zugehörigkeit zu sich selbst und den anderen.

Scheitern birgt Sinn

Warum ist es passiert? Was mache ich jetzt? Wie geht es weiter? Über diese grundsätzlichen Sinnfragen stolpern Menschen, wenn sie scheitern, in Umbruchsituationen, bei Niederlagen und Krisen. Das Gefühl des Scheiterns, der Vergeblichkeit, der inneren Leere ist eine Grenzerfahrung, die das ganze Leben in Mitleidenschaft zieht. Eine Absage nach einem Bewerbungsgespräch zu bekommen; trotz Fähigkeiten und Bereitschaft keine Chance zu haben, sich selbst und seine Familie zu ernähren; das geplante Projekt für immer in der Schublade abzulegen: Das sind persönliche Katastrophen, traumatische Verluste, die wir ganz anders wahrnehmen als irgendein Pech, eine Panne oder einen vorübergehenden Misserfolg. Scheitern hat mit vergossenem Herzensblut zu tun. Eine Brücke ist abgebrochen, ein Lebenskonzept zerplatzt, ein Stück Leben beendet, eine Hoffnung zerschellt. Scheitern bringt die Seele in Not und schmerzt mitunter lebenslang, weil es die eigene Identität in Frage stellt. Man weiß plötzlich nicht mehr, ob man der eigenen Selbsteinschätzung trauen kann und beginnt zu zweifeln: an sich, an den anderen, an dem, was man kann, worauf man bauen darf.

Scheitern gibt einen »Vorschein«, eine Ahnung von dem, was es heißt, zu sterben – mitten im Leben.

Scheitern als Hoffnungssturz, Kontinuitätsbruch, erschüttert das Sinngefüge eines Menschen nicht nur partiell, sondern insgesamt. Je nach Lebenssituation, Temperament und Wesensart kann sich diese Erschütterung mehr im Leiblichen oder im Geistig-Seelischen oder pendelnd zwischen Leib und Seele auswirken. Immer sind alle Persönlichkeitsschichten einbezogen: der Leib, das Selbstwertgefühl, die Beziehungsebene, die inneren Vorstellungen, die Sinnlichkeit und der Wille. Die Betonungen sind bei jedem anders. Um zwei Extreme zu nennen: Der eine weint tagelang, hat Alpträume, versinkt in schweren Verstimmungen und wird sogar körperlich krank – es geht ihm an die Nieren, oder er nimmt es sich zu Herzen – aber nach dieser Sinnkrise ist das Schlimmste überstanden. Der andere tut, als wäre nichts vorgefallen, entwickelt aber eine Reihe körperlicher Symptome und gerät in einen chronischen Prozess funktioneller Beschwerden, die ihn von Arzt zu Arzt führen und völlig gefangen nehmen, so dass er sich von den Mitmenschen abwendet und in Einsamkeits- und Fremdheitsgefühlen versinkt. Es gibt also nicht nur vordergründig auffallende Auswirkungen des Scheiterns, sondern auch weniger offensichtliche, schleichende, langsame, aber nachhaltig zermürbende, die den Sinn des eigenen Lebens in Frage stellen.

Das Scheitern ist heute näher an uns herangerückt; es ist allgegenwärtig geworden. Niemand ist mehr dagegen gefeit zu scheitern. Es kann den Lehrer treffen, der den schulischen Anforderungen nicht mehr gewachsen ist, das Topmodel, das sich fast zu Tode hungert, den Fließbandarbeiter, der plötzlich entlassen wird, weil er das Soll nicht mehr erfüllt und den Berater, der von einem auf den anderen Tag keinen Auftrag mehr erhält. Wir sollen flexibel, belastbar, anpassungsfähig sein, uns weiterbilden, profilieren, Mut zur Entscheidung und zum Risiko beweisen. Wir haben gelernt, die Macher zu sein: Wer sich anstrengt und alles richtig macht, dem muss es einfach gelingen. Alles ist erreichbar, wenn man es nur richtig angeht. Heute im Zuge der Weltwirtschaftskrise erfahren wir aber täglich, dass Erfolgsversprechen nicht eingelöst werden, dass plötzlich alles ganz anders kommen kann. Scheitern kann uns alle treffen in unterschiedlichem Ausmaße, ob wir es wahrhaben wollen oder nicht. Früher scheiterte man an Fehlern, heute an mangelnden Optionen oder fehlenden Verantwortlichkeiten. Es gibt also keine Garantie; die Diskrepanz zwischen den hohen gesellschaftlichen Ansprüchen und dem, was tatsächlich erreichbar ist, stößt Menschen in eine Sackgasse. Eine Krankenschwester beschreibt ihre berufliche Krise als »Sinnkollaps«. Plötzlich fühlte sie sich wie fremd, das Aufstehen wurde ihr zunehmend schwerer, sie erlebte sich wie »eine Kampfmaschine«, die nur noch funktionierte, sich immer freudloser durch den Tag schleppte und das Gefühl entwickelte: »Ich passe hier nicht mehr hin.« In ihren Worten: »Es war eine echte Sinnkrise, was natürlich in meinem Beruf leicht passieren kann, wenn man nicht gut für sich sorgt. Zum ersten Mal in meinem Leben wurden diese Fragen für mich wirklich ernst: ›Wozu bin ich eigentlich da?‹, ›Warum mache ich das hier?‹, ›Will ich wirklich so weitermachen?‹ Zum Glück erlebte ich während eines Kuraufenthaltes, dass ich überhaupt nicht allein war mit diesen Fragen. Im Gegenteil, ich erlebte sogar sehr viel Nähe mit anderen, weil jeder dort schon einmal eine ähnliche Krise durchgemacht hatte.«

Von dem Psychotherapeuten C. G. Jung ist überliefert, dass er gescheiterten Patienten immer wieder zu ihren kleinen oder größeren Sinnkrisen gratulierte. Eine Einstellung, die vielleicht auf den ersten Blick befremdlich wirkt, der man aber einiges abgewinnen kann. Denn Erfolg stärkt uns zwar, aber am Scheitern wachsen wir. Scheitern birgt – auch wenn der Satz meist beschönigend gebraucht wird – tatsächlich eine Chance, denn es zeigt unsere Grenzen auf und zwingt uns, über uns selbst nachzudenken, eine neue Selbsterfahrung zu machen, die einen vielleicht erstmalig nach dem Sinn des eigenen Weges fragen lässt. Scheitern kann zum Anstoß werden, sich mit der Tiefe und Ausrichtung des eigenen Lebens auseinanderzusetzen. Womöglich ist gerade das Scheitern ein bedeutender Lehrer für uns.

Erst im Scheitern zeigt der Mensch sein wahres Ich. Wer siegt, kann sich der Anerkennung von außen gewiss sein. Wer auf der Verliererseite steht, ist auf sich selbst zurückgeworfen. Die eigene Persönlichkeit wird geprüft: Kann ich standhalten? Finde ich die nötige Kraft? Bekomme ich wieder Boden unter die Füße? Was sind meine Ressourcen, auf die ich zurückgreifen kann?

Die wertvollste Gabe, die uns das Scheitern schenkt, ist sicherlich die Demut. Wir lernen, die eigenen Grenzen anzuerkennen, zu respektieren und neu abzustecken. Wir begreifen, dass wir nicht immer das bekommen, was wir wollen, was uns zusteht oder was wir meinen verdient zu haben. Wir verstehen, dass diese Haltung in eine Sackgasse führt. Denn eigentlich ist es ja so: »Nichts steht mir zu.« Das Licht der Bescheidenheit bricht durch die dunklen Wolken und führt vom Durchsetzen zum Hinschauen, Verstehen und Akzeptieren. Die Kanten der Realität lassen sich nicht mehr einfach abrunden durch die Flucht in eine vorgestellte Zukunft. Die Wachsamkeit gegenüber der eigenen Selbsteinschätzung oder Selbstüberschätzung führt zur Nüchternheit: Es ist so und nicht anders. Wir sind nicht unbesiegbar.

Auch wenn es schmerzhaft ist: Wer scheitert, erhält die Chance, den eigenen Lebenskurs zu korrigieren. Man wird gezwungen, genau hinzuschauen, wie man seinem Kurs eine neue Richtung geben könnte, und wie es dazu kam, dass man dort landete, wo man gelandet ist. Beides zusammen, Bilanz und Kurskorrektur, öffnet neue Türen. Es liegt an uns, sie aufzustoßen und weiterzugehen. Vielleicht steht sogar beides an: eine Bilanz des bisher Gelebten und die Überprüfung des eigenen Maßstabs. Oft ist es nämlich die eigene innere Messlatte, die unser Scheitern definiert und die zur Grundlage für die Beurteilung des Erreichten wird. Dabei denke ich an die vielen Frauen, die es schaffen, Familie, Haushalt und Berufstätigkeit unter einen Hut zu bringen, und vor lauter Anstrengung gar nicht realisieren, wie hoch ihre Messlatte gesteckt ist. Oft führt erst eine Krise dazu, dass sie erstmalig ihren eigenen Maßstab überprüfen und hinschauen, welch respektable Höchstleistungen sie tagtäglich vollbringen, um dann eine neue Perspektive zu gewinnen und die selbst gesteckten Ansprüche etwas zu relativieren.

Scheitern hängt mit der subjektiven Wahrnehmung und Bewertung eines Ereignisses zusammen. Mit anderen Worten: Scheitern ist eine relative, unsichere Größe. Scheitern ist zwar unserer Absicht entzogen, aber es liegt an uns, wie wir es interpretieren. In den meisten Situationen ist Scheitern eine Frage der Perspektive. Insofern sind Erfahrungen des Scheiterns Stufen einer Entwicklung, denen man nicht immer sofort ansehen kann, ob sie zu einer Leiter, einer Tretmühle oder dem Stillstand gehören. Mitunter kann das Scheitern zu einem späteren Erfolg führen, der bloß noch nicht sichtbar ist.

Die gegenwärtige Ideologie, sich ständig vorwärts bewegen zu müssen, lässt uns beim Scheitern verwaist zurück. Am Erfolg jedoch wollen alle beteiligt gewesen sein. Dabei könnte gerade das Scheitern uns miteinander verbinden, solidarisch werden lassen, was ja auch in dem Satz »Irren ist menschlich« mitschwingt. Statt möglichst schnell wieder im Wirbel von Aktivitäten die nächsten Runden anzutreten, gilt es zunächst einmal, das Scheitern als Unterbrechung der Alltagsroutine anzunehmen. Als eine notwendige Unterbrechung, die das eigene Denken befreit und entschlackt. Denn in dieser Lebensepisode spielen zwei Geigen zum Tanz auf: die Bewertung und die Vorstellung. Für diejenigen, die im Scheitern nur den Absturz sehen, wird er nicht ausbleiben. Scheitern heißt, ein Ereignis bewerten. Wer es als Grab bewertet, wird sich auch dort hineinlegen. Wir leben und sterben an unseren Bewertungen und Vorstellungen. Wer hingegen im Scheitern die Chance der »Wiederauferstehung« sieht, wird sich darauf einlassen und verändert daraus hervorgehen.

»Der Mensch erkennt sich, wenn er sich an Widerständen misst«, sagte Antoine de Saint-Exupéry. Das heißt, er erkennt sich daran, was er nach dem Scheitern tut. Der Unterschied zwischen Menschen, die durch Niederlagen stärker oder schwächer werden, liegt nicht in der Anzahl der Niederlagen, die sie erleiden, sondern darin, was sie danach tun. Wer in der Verleugnung stecken bleibt, nach Rechtfertigungen sucht oder in Selbstanklagen kleben bleibt, gelangt nicht zum Stadium des Aufbrechens. Die wirkliche Herausforderung beginnt an dem Punkt, an dem man sich die Kränkung eingesteht und selbst die Hauptrolle im eigenen Theaterstück übernimmt.

Oft drängen uns unsere Fähigkeiten in bestimmte Richtungen oder Wege. Der Schriftsteller Peter Bichsel meint:

»Ich bin Schriftsteller geworden, weil ich ein schlechter Fußballer bin. Ich war zu ängstlich, zu mutlos, zu wenig tapfer zum Fußballer – also habe ich mich zu den Ängstlichen, zu den Mutlosen, zu den Untapferen geschlagen, zu jenen mit den Gedichten und zu jenen mit den Büchern. Zu jenen, die ein Leben auch ängstlich bestehen können.«

Scheitern heißt nicht nur, sich verändern, es heißt auch, nicht ein Gleicher werden zu müssen. Darin steckt die Ermutigung, im eigenen Interesse zu handeln und eine Wahl zu treffen, bei der man ganz man selbst sein kann. Man lebt dann nicht einfach weiter und kommt irgendwie durch, sondern hat eine neue Lebensqualität gewonnen. Diese kann sich ausdrücken durch mehr Gelassenheit, durch einen Wertewandel, der sich weniger an äußerer Anerkennung orientiert, oder durch das Ende falscher Anpassungen. Wichtige Bausteine dieser Phase sind persönliche Befriedigung, Selbstrespekt und Eigensinn. Es gilt, sich auf Herz und Nieren zu prüfen, sich ernst zu nehmen, und das zu tun, was man selbst will. Nicht, was man tun sollte, oder was die anderen erwarten und raten. Fragen Sie sich: Was bewegt mich? Was gehört zu mir? Auf was kann und will ich nicht verzichten? Wofür brenne ich? Was gibt meiner Seele Frieden?

Antworten können durch den Blick in die Vergangenheit und in die Gegenwart entstehen: Was gelang mir? Was sind meine Stärken? Was hält mich lebendig?

Was zeichnet nun Menschen aus, die aus dem Scheitern gestärkt hervorgehen? Es sind innere Stärken, manchmal stille, konstruktive Umdeutungen, Hoffnungssuche, Eigensinn – und nicht Geld, Status oder irgendwelche Privilegien. Sie alle sind Überlebenshaltungen, die erlernbar sind. Das Überleben nach dem Scheitern ist kein Picknick, sondern ein Balancespiel der Kräfte, das einem mit dem Unbesiegbaren, dem Unzerstörbaren in sich in Kontakt bringt. Die Fähigkeit, den Mut und die Kraft zum Weitergehen aufzubringen, wächst mit der Zähigkeit, das eigene Selbst zu schützen, und es nicht durch äußere Ereignisse vernichten zu lassen. Die Entscheidung nicht unterzugehen kann antrainiert werden, wenn man den dahinterliegenden Kampf um das Hoffnungsvolle begreift.

Wo ein Weg endet, beginnt eine neue Reise. Und dies ist eine Reise, die vielleicht nicht mit der alten Kraft nach vorn drängt, sondern mehr in die Tiefe der Selbstbegegnung führt. Die Art, wie die Welt aufgefasst wird, ist nicht mehr dieselbe. Wer das Scheitern mit der Neugier eines Lernenden angeht, wird allmählich zu den Konturen seiner Bestimmung gelangen. Man kommt herunter von seinen Überheblichkeiten oder vermeintlichen Überlegenheiten und wird versöhnlicher, mitfühlender und vielleicht sogar etwas weise. Man kommt nicht umhin, den eigenen Dummheiten und Irrtümern, die einem passieren, ins Gesicht zu schauen. Und vielleicht machen sie einem auch nicht mehr so viel Angst, weil man sich sogar ein mitfühlendes Lächeln mit ihnen nicht mehr verkneifen kann. Damit fällt auch die Verurteilung anderer schwerer, und es nimmt der Selbstgerechtigkeit den Wind aus den Segeln.

Gelingt es, die Position des unschuldigen Opfers aufzugeben, sich selbst Fehler einzugestehen und Verantwortung für sein Handeln zu übernehmen, so geschieht das Paradoxe. Man wächst in die eigene Kraft hinein und fühlt sich nicht mehr als Marionette eines ungerechten Schicksals. <u>Wenn das Nicht-Wiedergutzumachende geschehen ist, bleibt eigentlich nur eins: sich selbst zu verzeihen. Nur die Versöhnlichkeit mit sich selbst kann den Weg ebnen, der ins Neue führt.</u>

Das Wissen um das Scheitern und die Unberechenbarkeit des Schicksals verschiebt die Prioritäten. Erfolg macht vertrauensselig in der Erwartung von Belohnung, während Niederlagen uns daran erinnern, dass wir sterblich sind. Man wird vorsichtiger, wägt ab und verliert ein Stück Unbefangenheit. Diese Vorsicht kann aber auch genutzt werden und zu wesentlichen Fragen führen: Ist es stimmig, was ich tue? Was bedeutet es, mir selbst treu zu bleiben? Stimmt das Gleichgewicht der Kräfte in meinem Leben? Welche Spuren möchte ich hinterlassen? Was ist mir wertvoll? Was macht Sinn? Ein Sinneswandel bahnt sich an, der orientiert ist an Hingabe und Stimmigkeit. Denn man hat sich in die Richtung bewegt, wo die eigene Nische ist.

Leben bejahen

»Der gebildete, innerlich werdende Mensch will, dass er selbst in allem sei, was er tut.« Dieser Satz stammt von dem Philosophen Georg Wilhelm Friedrich Hegel und drückt treffend aus, wie Sinn entstehen kann: in allem zu sein, was man tut. Was heißt dieses »in allem sein«? Man könnte schlicht sagen, bewusst seinen Weg gehen, ihn mit allen Sinnen erfahren und entschieden gestalten und mit sich selbst ausfüllen. Sich nicht jagen oder treiben lassen, sondern es selbst »in die Hände« und »in die Füße« nehmen. Ein schönes Beispiel dafür lieferte mir eine Klientin: »Ich hatte das Gefühl, ich muss einen Schlussstrich ziehen. Genug Klamotten, genug Geschirr, genug Bettwäsche, genug Schminke, genug Handtaschen, mehr als genug Schuhe. Aussehen, Angeberei, Attraktivität, das ist nicht mehr meine Sache. Früher war es für mich Statussymbol. Ich möchte nur noch Sachen besitzen, die mir etwas bedeuten, die wie Freunde sind. Seither ist mein Leben gefüllt mit mir, statt mit Krimskrams. Alles, was mich umgibt, ist von mir so gewollt. Seither passt mein Leben zu mir. Jetzt stimmt es einfach! Und ein Nebeneffekt – seither habe ich drei Kilo abgenommen.«

Auf diese Weise wird der Weg leichter. Man nimmt nicht zu viel Gepäck mit. »Überflüssige Dinge machen das Leben überflüssig«, sagt der Filmemacher Pier Paolo Pasolini. Man kann den Satz auch positiv wenden. Einfachheit macht das Leben sinnvoll, denn man braucht nicht so viele Dinge. Was man wirklich braucht, ist Raum für sich. Man kann seine Persönlichkeit auch anders ausdrücken als über Dinge. Zum Beispiel indem man die Umgebung, in der man sich aufhält, so gestaltet und entschlackt, dass sie einem gemäß wird. Man kann sich auch von außen nach innen finden. Ein selbstbestimmtes Leben kann sich darin ausdrücken, dass man sich in seinen vier Wänden von Gegenständen, Büchern, Musik angesprochen fühlt, die genauso einladend sind wie gute Freunde. So wird das Leben auch nach innen bejahenswert.

Deswegen können Menschen letztlich nur aus der Innenperspektive sagen: Meine Welt ist eine sinnvolle Welt. Ein sinnvolles Leben wäre demnach ein Leben, das mir gemäß ist, egal was andere darüber meinen und sagen. Es gibt ein paar typische Situationen, die davon zeugen. Jemand sagt: »Das mache ich gern«, »das ist mein ›Ding‹«, »das gibt mir viel«, oder »das hat sich für mich gelohnt«, oder im jugendlichen Jargon »das bringt es«. Gemeinsam ist diesen Äußerungen, dass es sich um Handlungen dreht, die für den Einzelnen als befriedigend, erfüllend oder lohnend empfunden werden. Warum? Weil sie um ihrer selbst willen geschehen. Es geht um eine schöne, bereichernde Erfahrung, die im Tun selbst liegt.

Ich treffe eine Frau, die lauter verschiedene Bilder mit Fischen diverser Couleur und in variierenden Anordnungen malt. Ich frage sie: »Warum machst du das?« Sie sagt: »Weil es mich zutiefst befriedigt, diese inneren Fischbilder nach außen zu bringen.« Sie will nichts bewirken, es geht ihr um den Vollzug, dass die inneren Eindrücke zu Ausdruck werden. Ähnliches ereignet sich in einer erfüllenden Begegnung, in einem ergreifenden Buch, oder wenn man plötzlich in eine Landschaft eingetaucht ist, sich selbst vergessen hat und völlig im Jetzt hingegeben und gleichzeitig ganz bei sich selbst war. Oft braucht es Mühen und Entbehrungen, um in solche Situationen zu geraten, denen wir Sinn zusprechen. Dabei denke ich an die vielen Menschen, die oft mühevolle künstlerische Wege gehen – Musiker, Maler, Schriftsteller –, die jahrelang an ihren Werken arbeiten, weil sie es so wollen und weil es ihnen gemäß ist, bis sie Antworten auf die Frage: »Wozu?« erhalten.

Sinnvoll ist demnach ein Leben, das immer wieder solche Situationen enthält, die um ihrer selbst willen gesucht und herbeigeführt werden. Die Bejahung: »Das gehört zu mir« oder »Das ist mir wichtig« ist die Voraussetzung, überhaupt Sinn zu erleben. Auffallend ist, wie viele Menschen immer häufiger Nein sagen. Je mehr man Nein sagt, desto mehr schrumpft man. Wer Nein zur Schönheit, zur Liebe, zur Großzügigkeit sagt, wird mit der Zeit immer weniger lebendig. Man hält den Neinsager vielleicht für einen kritischen Denker, einen Zweifler, aber irgendwann fehlt ihm all das, was das Leben so lebenswert macht: die Freude, das Teilen, der Gesang, der Tanz, die Feier. Es macht tiefen Sinn, positiv zu sein, Ja zu sagen, sich auf sein Herz hinzubewegen, denn das Herz kennt keine negative Sprache. Das Herz fragt nicht, sondern es weiß, was Liebe, Schönheit, Güte und Vertrauen ist. Es genießt und schweigt. Es ist leichter vom Ja zum Sinn zu finden, weil der Horizont weiter ist, die Türen offen sind, der Duft der Blumen und der Gesang der Vögel näher kommen dürfen.

»Seit ich mich mit einem beherzten Sprung aus meinem Jammertal herausgeschwungen habe, die dunklen und die hellen Zeiten akzeptiere, bin ich mit meinem Leben ein Herz und eine Seele«, so poetisch drückte es ein Tänzer aus. Und ein Priester: »Manchmal ist nur Freude da, einfach am Leben zu sein.«

Bejahenswert ist keineswegs nur das Lustvolle, auch das Entbehrungsreiche oder Schmerzliche, die Niederlagen und Enttäuschungen. All diese Widerfahrnisse gehören zum Sinn wie die dunkle Nacht, vor der das Flimmern der Sterne zu einer beeindruckenden Stimmung beiträgt. Wesentlich ist, einverstanden mit dem zu sein, was ist. Ja zu sagen zur Situation und zur eigenen Wahrheit, heißt nicht passiv hinnehmen, sondern wirklich in Kontakt treten mit dem, was ist. Entscheidend ist, ob das Leben insgesamt als bejahenswert erscheint, meint der Philosoph Wilhelm Schmid. »Dafür lebe ich«, lautet die Aussage, wenn jemand ausdrücken will, dass sein Leben durch erfreuliche aber auch unerfreuliche Situationen hindurch als wertvoll und lohnenswert erfahren wird. Dann gewinnt das Leben selbst den Charakter eines sinnvollen Weges.

Erlebt man immer wieder Situationen, die man um ihrer selbst willen bejaht, so überträgt sich das auf das ganze Leben, trotz aller Widerfahrnisse und Widrigkeiten. Denn: Gut ist ein Leben, das um seiner selbst willen bejaht werden kann. Man muss ein ruhiges Händchen dafür haben, denn Sinn will aufgespürt und durch Konzentration und Achtsamkeit entdeckt werden wie die Sterne bei Nacht. Dem Weg gilt daher alle Sorgfalt, weil wir nie wissen, wo, wie und wann wir fündig werden. Es bleibt uns ohnehin nichts, als unterwegs zu sein, warum dann nicht so bewusst und so mutig wie möglich? Wofür wir hellhörig bleiben sollten, sind die Sinndiebe, die in und um uns mit ihren Sinnsurrogaten lauern. Überall da, wo es laut zugeht – Massen-Events, Tor(!), Schlussverkauf, Höchstquote, Blitzerfolg, dröhnende Parties – entzieht er sich. Sinn stellt sich im Leisen, in der Stille, in der Achtsamkeit, im Glück der kleinen Wunder ein, nicht auf der Spaßbühne. »Alles, was lange währt, ist leise.« Treffender als Joachim Ringelnatz in einem Liebesgedicht kann man es nicht ausdrücken.

Achtsamkeit

Es gibt einfache Möglichkeiten, sich dem Sinn zu öffnen. Jeder kann ihn aufspüren und aus seinen Quellen schöpfen. Es geht einfach darum, in seinen alltäglichen Erfahrungen präsent zu sein – durch Konzentration auf den Atem, den Körper und das Bewusstsein. Den Atem habe ich mit Bedacht zuerst aufgeführt, weil er die Schnittstelle zwischen Körper und Bewusstsein bildet. Er ist der Zeitgeber, der unsere Eigenzeit im Wahrnehmen, Fühlen und Handeln vorgibt. Es beginnt also damit, dass man sich Zeit – Eigenzeit – nimmt. Zeit, in der sich die großen Erwartungen verlieren und man wieder die »kleinen Dinge« am Wegrand wahrzunehmen beginnt. Denn wer sagt: »Ich habe keine Zeit«, bringt sich um Lebenszeit, um die Erfahrung, wahrzunehmen und zu fühlen – letztlich zu leben.

Wahrnehmen und fühlen sind der Nährboden des Denkens und Sinnverstehens. Bewusst atmen heißt intensiv wahrnehmen, den eigenen Rhythmus, den eigenen Raum des Denkens und Fühlens zu finden – Eigensinn entwickeln. Erst die Wahrnehmung über die Sinne ermöglicht das Geistige.

Wie fängt man an? Am besten mit einfachen alltäglichen Verrichtungen. Man nimmt einmal genau wahr, was man gerade tut. Oder man richtet seine Aufmerksamkeit auf etwas, das auf den ersten Blick langweilig und repetitiv erscheint, z. B. Geschirr abtrocknen. Dabei ist es wichtig, alle Sinne zu sammeln, mit dem Atem zu verbinden und in allen Details wahrzunehmen, was man gerade tut. Jeder banale Gang zum Briefkasten oder zum Mülleimer wird dann zu einer ganz frischen Erfahrung. Dieses Bei-sich-selbst-Sein, wenn wir einen Fuß vor den anderen setzen und dann auch noch etwas Nützliches tun, verleiht eine Wachheit, die sich auf alle Sinne überträgt. Man sieht, hört, riecht und fühlt intensiver.

Aus dieser Erfahrung entwickelte sich die englische Bewegung des »downshifting« (auf Deutsch: den Gang herunterschalten). Das waren Leute, die eingesehen haben: Was man an Zeit gewinnt, geht an Bewusstheit verloren. Um das nachzuvollziehen, brauchen Sie nur Ihr Navigationsgerät einzuschalten und durch irgendeine Stadt zu fahren. Statt die verschiedenen Straßen und Viertel wahrzunehmen, schaut man – wie abends auf den großen Bildschirm – nun auf den kleinen Bildschirm und erlebt nichts mehr.

Tai Chi, Qi Gong, Meditation sind letztlich alles Methoden, die uns zur bewussten Wahrnehmung führen, zu dem, was es heißt zu leben, statt gelebt zu werden. Selbst wenn wir keinen Zugang zu diesen Übungen haben, sind wir doch frei, auf einer Bank zu sitzen, den Vögeln zuzuschauen oder das Glitzern eines Bächleins einfach einmal wahrzunehmen. Mittlerweile hat es sich herumgesprochen, dass die Übung in Achtsamkeit und Konzentration die Intensität von Wahrnehmungen fördert. Die Slow-Food-Bewegung ist ein Beispiel dafür. Da lernen Menschen wieder zu schmecken, zu kauen, zu berühren, weil die Sinne und damit Sinn wahrgenommen wird, wenn wir ganz und gar »gegenwärtig« sind.

»Wenn ich sitze, dann sitze ich«, so sagen die Zenmeister. Also nicht gleich ans Aufstehen denken, sondern die Unruhe erkennen, loslassen und durch Achtsamkeit ersetzen. Es geht auch ohne Teerituale und Rieselmusik.

Wer bei einer Sache bleibt, ist nicht reizhungrig und verführbar. Wer im gegenwärtigen Augenblick verweilen kann, spürt sich selbst intensiver. Er bekommt dieses einzigartige, große Gefühl: Ich lebe. Es hat mit Bewusstsein zu tun, dass man das schätzt, was man gerade tut. Über das Wahrnehmen kann Genuss überhaupt nur entstehen. In dem Wort Wahrnehmung stecken die Wörter »wahr« und »nehmen« zugleich. Das bedeutet, das Wahre und nicht das Falsche nehmen. Sich auf eigene Gedanken einlassen und nicht nehmen, was einem vorgesetzt wird, sondern was einem selbst entspricht.

So kommen wir der eigenen Wahrheit näher. Lernen uns kennen und vor allem eines: genießen. Genuss wird häufig mit »teuer« assoziiert. Das ist ein Irrtum. Es hat vielmehr mit Bewusstheit zu tun. Um wahrzunehmen, wie einfach Genuss sein kann, denken Sie an einen Teller Spaghetti aglio olio e peperoncini, der schlägt jedes Fünf-Sterne-Gericht. Dieses schlichte Gericht, das selbst der Ungeübte kochen kann, macht »sinnesfroh«, wie es unser schönes deutsches Wort sagt, gerade weil es so einfach ist und nicht mehr sein will, als es ist.

Sinnlichkeit hat viel mit Sinn zu tun. Man darf das nicht einfach vom Tisch fegen. Die Wahrnehmung über die Sinne, wie man ein Essen sinnlich zubereitet, schmeckt, mit welcher Farbenfreude man es serviert, all das entscheidet über unsere Art des Daseins.

Wer sein Leben über die Sinne ertastet, wird resistent gegen die Gier nach ständig neuen Reizen. Man lernt das wirklich auszukosten, was der Augenblick freigibt. Das ist eine Menge Sinn! Zumindest erfasst es eine wesentliche Bedingung von Sinn. Sind Kinder nicht deswegen glücklicher, weil sie im Augenblick leben und noch mit frischen Sinnen wahr-nehmen?

Da sein, um da zu sein

»Du bist da, um da zu sein«, so antwortet der schwere Steinbrocken in dem Bilderbuch von Wolf Erlbruch auf die Frage: »Wozu bist du auf der Welt?« Der Vogel zwitschert: »Um dein Lied zu singen bist du da!« und die Ente watschelt unbeirrt weiter: »Keine Ahnung!« Keiner in diesem Buch kommt um die Frage herum, genauso wie wir. Es gibt einen, der die Diskrepanz zwischen dem Allumfassenden und den banalen Nöten von uns endlichen Sinnsuchern auf den Punkt bringt: »Die Zukunft hält große Chancen bereit, aber auch Fallstricke. Der Trick wird sein, den Fallstricken zu entgehen, die Chancen zu ergreifen und um sechs Uhr wieder zuhause zu sein.« Dieser Trick stammt unverkennbar von Woody Allen. Mir fällt Ähnliches ein: »Wer sind wir? Woher kommen wir? Wohin gehen wir? Wann gibt es Abendessen?« Bei einer so großen Frage, wie jener nach dem Sinn, mutet es vielleicht merkwürdig an, wie nahe das Allzumenschliche liegt. Das hat vielleicht damit zu tun, dass in der Sinnfrage immer auch die Frage nach dem Sinn des Todes mitschwingt. Mitten im prallen Leben über den Tod nachzudenken, ist für unser Gehirn eine ziemliche Zumutung. Aber um die Mitte des Lebens, wenn man anfängt, nicht mehr jung zu sein, und erlebt, wie die Menschen um einen herum zu sterben beginnen, verändert sich die Sichtweise. Als Jugendliche haben wir verschwenderisch in den Tag hinein gelebt und nun realisieren wir, dass unsere Tage gezählt sind und dass jeder Tag zählt. Aus dem abstrakten »Alle Menschen sind sterblich« durchrieselt es einen plötzlich kalt: »Ich werde sterben«. Wir begreifen allmählich, was Endlichkeit heißt. Und dass in den Naturgesetzen nichts erkennbar ist, das uns eine besondere Stellung im Universum verleiht. Im Gegenteil, die Naturgesetze sind unpersönlich und interessieren sich nicht für uns. Das beschäftigt auch Jugendliche, die immer wieder fragen: »Lohnt es sich überhaupt zu leben, wenn ich am Ende doch sterben muss?« Oder wie der amerikanische Philosoph Thomas Nagel lakonisch feststellte: »Wir sind winzige Staubkörnchen in den unendlichen Weiten des Alls ... die Spanne unseres Lebens ist nicht mehr als ein Augenblick. Wir können alle jeden Moment tot sein.«

Dies bedeutet nun aber nicht, dass unser Leben sinnlos ist. Wir können einander das Leben erleichtern, einander lieben, nach Kräften unterstützen und versuchen, unser Leben zu verstehen. »Wir nehmen uns ernst, ob wir nun ein ernstes Leben führen oder nicht«, so folgert Nagel. <u>Es bleibt uns also nichts anderes, als die große Sinnfrage in eine Frage zu überführen, die für uns denkbar und umsetzbar sein kann: unser eigenes Lebenswerk.</u> Nur wir Menschen können neben uns treten und uns selbst betrachten. Wir sind nicht nur Darsteller, sondern auch Zuschauer unseres Lebens.

In eine ähnliche Richtung der Einfachheit und Praktizierbarkeit geht der Film von Monty Python, »Der Sinn des Lebens«. Am Ende des Films wird einer Fernsehmoderatorin ein goldener Umschlag überreicht, er enthält den Sinn des Lebens: »Versuchen Sie, nett zu anderen zu sein, vermeiden sie fettes Essen, lesen Sie hin und wieder ein gutes Buch, verschaffen sie sich genügend Bewegung und bemühen Sie sich, mit Menschen aller Nationen und Religionen in Frieden und Eintracht zusammenzuleben.« So einfach kann es sein, oder doch nicht? Zumindest wollte Monty Python nicht nur komisch daherkommen, eher lese ich, dass uns kaum anderes bleibt, als uns bewusst ins tätige Leben zu werfen. Mit dem Sinn geht es uns ähnlich wie mit unserem Herzen. Es macht auch nicht ständig auf sich aufmerksam, es sei denn, wir würden ständig nach innen horchen, aber das fiele dann unter die Kategorie »Herzneurose«. Deswegen haben es diejenigen mit dem Tätigsein schwer, die hypochondrisch an der allumfassenden Sinnfrage kleben, weil sie ständig über ihren eigenen Schatten springen wollen und vor lauter Nachdenken kaum zum Leben kommen. Vergleichbar mit den erwähnten Hypochondern, die ständig mit ihrer Gesundheit beschäftigt sind und dabei übersehen, dass Gesundheit in der Verborgenheit lebt. »Wer beobachten will, kann nicht mitspielen«, so die Schlussfolgerung frei nach Wilhelm Busch.

Heißt das nun, dass wir, wie es der Philosoph Odo Marquard empfahl, in Sachen Sinn einfach bescheidener werden sollten? Sind wir heute zu sinnhungrig? Erwarten wir zu viel Sinn und sind deshalb so leicht zu enttäuschen? Eher glaube ich, dass unser Sinnhunger wegen der überwältigenden Menge von Sinn-Ersatzstoffen, Ablenkungen und Zerstreuungen, durch oberflächliche Täuschungsmanöver nicht mehr zu stillen ist. Wir wollen keine Sinn-Surrogate, wir wollen Sinn. Gerade deswegen meldet sich der Hunger so unüberhörbar, weil er sich nicht mehr durch Täuschungen, Abkürzungen oder Ersatzstoffe in die Irre führen lassen will.

Kaum jemand, der nicht die Sehnsucht kennt, einen Tag zu erleben, der einen satt gemacht hat mit Sinn. Ein Tag, an dem man abends müde aber mit vollem Herzen heimkehrt und sagen kann: »Es war ein guter Tag.« Dieses Gefühl ist das Gegenteil zur Vergeblichkeit, die unsere Wünsche, Motivationen und Kräfte reduziert und unsere Flügel lahm werden lässt. Dann werden Fragen laut: »Wenn ich nur noch arbeite und abends todmüde ins Bett falle und zu nichts anderem mehr komme – hat das einen Sinn?« »Wenn ich von einer Enttäuschung in die nächste gerate – hat das einen Sinn?« »Wenn die Streitigkeiten der Nachbarn, die Gewalttätigkeiten am anderen Ende der Stadt nicht enden wollen – hat das einen Sinn?« Fragen über Fragen, die mehr oder weniger offen nach Gegenkräften zur Vergeblichkeit suchen. Dass die Vergeblichkeit an allen Ecken lauert, erleben wir täglich, und dennoch geraten wir da in eine Tabuzone, in der jeder meint, allein bleiben zu müssen. Was hindert uns, sich offen darüber auszutauschen? Wäre das nicht eine Gegenmacht zur Vergeblichkeit, wenn wir einander mit diesen Zweifeln nicht allein ließen? Denn totzukriegen sind diese Fragen ohnehin nicht, im Gegenteil: Sie führen uns genau an die Stellen, wo wir einen Blick auf neue, andere Optionen gewinnen. Und wenn die Perspektive nur darin besteht, dass ein anderer kommt und sagt: »Ich bin in deiner Nähe – wenn du reden willst.«

Selbst erkennen

»Wenn ich im Zug aus dem Fenster schaue und plötzlich bemerke, dass mir jemand gegenüber sitzt, der meinen Blick erwidert, und wir beide plötzlich lächeln – hat das einen Sinn?« »Haben die prächtigen Kastanienbäume, die vorbeihuschenden Fledermäuse, der erste Bärlauch, die knospenden Rosen einen Sinn?« »Hat es einen Sinn, wenn ich meiner Oma schreibe?« »Hat es seinen Sinn, wenn ich ihm weiter hinterherlaufe?« Sinn – dieses einsilbige Schlüsselwort hat eine unendliche Spannweite. Banales, Harmloses, Weichenstellendes, Existenzentscheidendes versammeln sich unter dem Dach dieser vier Buchstaben. Fragen über Fragen, die man schlicht mit Ja und Nein beantworten könnte. Ja, alles hat einen Sinn, man muss nur sorgfältig danach suchen. Nein, nichts hat einen Sinn. Alles muss erst einen Sinn erhalten: von uns, die wir den Dingen und Erfahrungen Sinn geben.

Letztlich können wir keinen Schritt tun, ohne zu wissen, warum. Man braucht bloß einen Passanten auf der Straße zu beobachten, wie er plötzlich stehenbleibt, weil er seinen Beweggrund vergessen hat. Sobald er sich wieder orientiert, kann er weitergehen.

Ein Grund, weshalb sich eine Festlegung von Sinn verbietet, ist die Subjektivität von Sinn. Der Sinnsucher hat seine Antwort, seinen Weg zu finden, weil es letztlich um die Frage geht: »Wie will ich leben?« Das gilt für harmlose Handlungen – »Soll ich das Auto oder lieber den Zug nehmen?« – genauso wie für entscheidende Planungen – »Soll ich heiraten oder lieber allein leben?« In all diesen Sinnprozessen beginnen wir mit dem Wahrnehmen. Ich nehme etwas für wahr, und es wird für mich wahr. Im Gegensatz zur Falschheit, die etwas für falsch hält. Ich sehe die Welt auf meine Weise, deute sie und tausche mich darüber aus.

Ein ganzes Sinngefüge begleitet uns von klein auf, auch wenn wir es oft nicht wahrnehmen, weil vieles unterhalb der Bewusstseinsschwelle nistet. Denn unsere Wahrnehmung ist nicht voraussetzungslos. Was wir wahrnehmen, definiert auch die Kultur, in die wir hineingeboren wurden. Sinn ist demnach nicht nur von uns »gemacht«, sondern ist in einen größeren Zusammenhang eingebettet. Oder wie Antoine de Saint-Exupéry fortführt: »Die Bedeutung der Dinge liegt nicht in den Dingen selbst, sondern in unseren Haltungen zu ihnen.« Haltungen haben Konsequenzen. Sie bestimmen, was wir tun, ob und in wen wir uns verlieben, was wir zum Frühstück essen, welche Bücher wir lesen, welchen Kandidaten wir wählen, wem wir unser Vertrauen schenken. Selbst angesichts von Terror und Grausamkeit bleibt uns immer die Haltung, die wir dem Irrsinn gegenüber einnehmen, so dass das Böse wie ein Schneeball abprallt an den Fenstern unserer Werte.

Sinnerwartung prägt und lenkt unser Wahrnehmen und Handeln; da wir sie oft nicht wahrnehmen, unterschätzen wir ihre Bedeutung. Erst in Krisenzeiten wird uns oft wieder bewusst, wie unsere Prägungen definieren, was wir mit »Glück«, »Liebe« oder »Schicksal« beschreiben. Unsere

Schöpferkraft zeigt sich nun darin, dass wir Sinn mit unserer Wahrnehmung und unserem Verstehen tätig und denkend erschaffen. In seelischen Krisen ist diese Fähigkeit besonders angefragt, denn das sind Zeiten, in denen wir auf uns selbst gestoßen sind. Hier kann der Blick in die eigene Geschichte Sinnhorizonte eröffnen: Was hat mich geprägt? Welche Werte sind mir wichtig? Wie sorge ich für mich selbst? Wie gehe ich mit anderen um? Für welche Haltungen und Überzeugungen stehe ich ein? Es lohnt sich hinzuschauen, welchen Sinnen man sich verschrieben hat, sie auf ihre Stimmigkeit hin zu überprüfen und nötigenfalls zu korrigieren oder zu verabschieden. Wir haben tatsächlich die Fähigkeit, eine innere Distanz zu unseren Gedanken, Gefühlen und Wünschen einzunehmen, sie kritisch zu befragen und zu bewerten. Nichts anderes meint schließlich der Begriff »Selbsterkenntnis«.

Wenn wir wissen wollen, was wir wirklich brauchen, dann ist es manchmal nötig, uns selbst wie einem Fremden zu begegnen und unser Tun von außerhalb zu betrachten. Aus dieser exzentrischen Sicht wird uns dann vielleicht klar, dass wir eigentlich mehr gelebt werden, als selbst leben; dass wir mehr Zeit für uns selbst bräuchten, als wir uns zugestehen; dass wir viel fauler sein wollen, als wir es uns gestatten; oder immer noch am gleichen Ort leben, obwohl wir innerlich schon ausgewandert sind.

Obwohl wir uns selbst am besten kennen sollten, zumal wir die meiste Zeit mit uns selbst verbringen, bleibt doch ein Rest, unsere sogenannten blinden Flecken oder Selbsttäuschungen, die sich der Selbsterkenntnis entziehen. Das hat mit unseren Selbstbildern zu tun, die die Tendenz haben, eine Eigendynamik zu entwickeln, die verstärkt und gestützt wird durch Vorbilder, Erfahrungen, eigene Wunschvorstellungen und Vergleiche mit anderen. Meist sind wir uns dessen nicht bewusst, wie wir in unseren Selbstbildern gefangen sind, oder wir sind nicht in der Lage, sie zu relativieren und uns aus ihren Zwängen zu befreien.

Hier sind wir angewiesen auf den Blick der anderen: »Ich sage dir, was du nicht siehst«, der uns ungeheuchelt zeigt, was uns entgeht, der uns korrigiert, wenn wir inkongruent sind, der uns auf Widersprüche und Ungereimtheiten hinweist, oder aufdeckt, dass unsere Schokoladenseite nicht so süß ist, wie es uns lieb wäre. Ohne die Hilfe der anderen gelingt es nicht, unsere Selbstbilder zu überprüfen. Dazu meint der Schriftsteller und Philosoph Peter Bieri: »Eine Selbsttäuschung ist ein interessegeleiteter Irrtum über uns selbst: Wir möchten einfach gerne einer sein, der so denkt und fühlt – und dann portraitieren wir uns auch so … Dabei lügen wir oft nicht nur vor den Anderen, sondern auch vor uns selbst, und wir leisten erbitterten Widerstand, wenn uns ein Anderer zu ertappen droht.«

Warum ist Selbsterkenntnis ein solch kostbares Gut? Weil sie etwas mit sich führt, das unersetzlich ist: Selbstvergewisserung. Sich selbst mit sich auszukennen und besser zu verstehen, statt im Nebel scheinbar selbstwertdienlicher Täuschungen zu leben, ist nichts anderes als Sinn – Sinn für ein vorher in Selbsttäuschungen gefangenes Ich. Daher könnte man sagen, dass in jeder Selbstverständigung die Chance für neuen Sinn liegt. Die Begegnungen mit sich und den anderen werden lebendiger, wacher, eigensinniger. Das ist vielleicht das Geheimnis von Menschen, denen wir gern zuhören. Sie lassen sich berühren, inspirieren, wandeln, weil sie mit sich selbst in Kontakt sind. Sie sind lebendiger als andere. Ich möchte am liebsten sagen: wirklicher.

Kurzum: Selbsterkenntnis heißt erfahren, wie ich eigentlich bin. Selbsterkenntnis liefert Sinngewissheit.

Selbst entscheiden

Wir wollen selbst entscheiden, was wir zu denken, zu tun und zu sagen haben. Diesem Satz wird wahrscheinlich kaum jemand widersprechen, weil er von unserem Eigensinn und unserem Sinnhunger handelt. Gern denke ich an diese alte Dame, die im hohen Alter noch Italienisch lernen wollte. Die besorgten Einwände ihrer Kinder und Enkelkinder konterte sie mit Schlagfertigkeit: »Ihr habt sicher recht, aber ich will mir selbst mein Urteil bilden.« Wer mag es schon, dass man ihn bevormundet, ihn belehrt und ihm vorschreibt, was er zu tun oder zu lassen hat? Aber jeder Mensch hat andere Fesseln. Manche sind offensichtlich, andere unsichtbar. Manche suchen Therapie, um sich von ihnen zu befreien, und viele machen andere dafür verantwortlich. Es sind vor allem die unausgesprochenen Erwartungen, die nicht nur die anderen, sondern auch wir selbst an uns richten, die zu Sinnräubern werden. Einer davon ist das bekannte: »Ich muss«. Meist haben wir es schon früh in der Kindheit zu oft als »Du musst« gehört und gelernt, dass unsere eigenen Bedürfnisse, Wünsche und Träume weniger wichtig waren als die der Älteren. In mühevoller Kleinarbeit gelingt es manchen, dieses »Ich muss« durch ein selbstverantwortliches »Ich werde« zu ersetzen. Statt äußerem Zwang hin zur selbst gewählten Aufgabe. Oder wie Leo Tolstoi sagte: »... dass du immer willst, was du tust«.

Nun werden manche einwenden, man könne doch nicht immer das tun, was man gerade will. Natürlich geht es nicht darum, andere vor den Kopf zu stoßen oder sich innerlich zu panzern, sondern bei sich selbst zu sein und sich das zu eigen zu machen, was man von sich aus möchte. Denn das Gefühl der Sinnlosigkeit entsteht, wenn wir zu oft oder gar gewohnheitsmäßig das tun, was andere von uns erwarten und dabei den Kontakt zu uns selbst verlieren.

»Niemals lernst du etwas von dem Satz, den du von außen bekommst, du lernst es immer nur von innen.« Dieser weise Satz von Augustinus (»Über den Lehrer«) scheint mir wegweisend, weil er statt der Fremdbestimmung die eigene Würde in den Vordergrund stellt. Sinn ergibt sich, wenn wir auf unsere eigenen Wünsche, Hoffnungen, Sehnsüchte und Träume hören, sie annehmen und ernst nehmen. Ohne auf unser eigenes Gefühl zu achten, das vielleicht etwas ganz anderes sagt, als man von uns erwartet, sind unsere Entscheidungen lediglich reaktiv und somit unfrei. Oder wie der Mythenforscher Joseph Campbell in einem Interview so treffend beschrieb: wir verbringen Jahre damit, auf einer Leiter nach oben zu klettern, nur um zu realisieren, dass wir die Leiter an die falsche Wand gestellt haben. Vielleicht an die Wand von jemand anderem, aber nicht an unsere eigene. Tun und Erleben klaffen auseinander, Enttäuschung, Langeweile, schlaflose Nächte sind die Folge, weil wir uns »an der falschen Wand« immer fremder werden.

Menschen haben nicht alles selbst in der Hand, sie werden in Lebenswege hineingeschoben, gezwungen oder verführt, weil sie Sicherheit, Gewinn oder Ansehen erhoffen, ohne selbst zu überblicken, was das für den eigenen Lebenssinn bedeutet. Oder sie treffen falsche Entscheidungen, weil etwas in ihnen, meist aus irgendwelchen Ängsten, die falsche Entscheidung konstelliert hat. Es mag einer noch so kompetent und erfolgreich sein – wenn die Leiter an der falschen Wand steht, staut sich der Hunger nach Sinn. Oft bleibt dann nur der Ausstieg oder der Ausbruch. Die Alltagswerte zerbröckeln, die Selbstbestimmung bleibt auf der Strecke. Ganz zu schweigen von den unzähligen Versuchen, sich selbst mit Schnellkuren aufzurüsten, sich zu betäuben oder mit Pillen und anderen Süchten selbst zu therapieren.

Sinn hat mit objektiven Erfolgen oder Misserfolgen wenig zu tun. Es geht um unser Selbstbild, um die geheime Frage im Innern: »Wie möchte ich gern sein?« Sie bestimmt die Beziehung zum bisher Erreichten und wird zur Grundlage für das, was man für sein Leben braucht. Manchmal geht es darum, die eigene Messlatte zu überprüfen: Sind meine Vorhaben wirklich noch meine Wünsche? Worum geht es mir eigentlich? Stimmt mein Selbstbild noch? Von was muss ich Abschied nehmen? Solche Fragen leiten eine größere Unabhängigkeit ein. Die Wirklichkeit ist nicht mehr eine zu erkletternde Leiter, sondern sie handelt von uns selbst. Weniger mit dem Eindruck auf die Umwelt beschäftigt, wird es wichtiger, mit eigener Stimme zu sprechen.

»Spiele deine eigene Melodie« könnte heißen: Horche auf den Herzschlag deiner inneren Bewegungen und lasse die Sprache der Wünsche, Träume und Sehnsüchte zu ihrem Recht kommen. Es ist das Wesen der Selbstbestimmung, dass sie sich nicht in allgemeinen, fraglosen Orientierungen an phantasielosen Verkehrsregeln zu Hause fühlt. Wir sind Bastler von uns selbst, aus dem was da ist, was Zufall und Schicksal zusammengeführt haben, aber wir können es neu verknüpfen, anders gestalten, eben wie kreative Bastler, die ja auch nicht nur nach Plan vorgehen. Zu eigensinnigem Denken ist nur fähig, wer Assoziationen mit inneren Bildern, kühnen Träumen und Wünschen und Fühlen herstellen kann. Solche Erfahrungen prägen uns nachdrücklich; sie vertiefen uns. Warum? Weil es nicht genügt, es bequem zu haben, einzukaufen, fernzusehen, Handy am Ohr, Türe zu, Glotze an.

Menschen fühlen sich am meisten als wirklich sie selbst, wenn sie mit inneren Wünschen, Gefühlen, Phantasien in Kontakt sind, die im gewöhnlichen Alltagsbewusstsein nicht stark hervortreten. Auf Spaziergängen, im Wald, bei der Betrachtung des Meeres, beim Barfußgehen, im Gespräch mit einem guten Freund. Jeder kennt es: Man fühlt sich plötzlich substantieller, wirklicher.

Wer sich die exzentrischen Konzepte mancher Gurus vom »Weg nach innen« vor Augen führt, der wird vielleicht aufatmen vor der verblüffend einfachen Erkenntnis, dass man täglich bei sich sein kann, wenn man auf seine inneren Bewegungen achtet und sie reflektiert. Was brauche ich? Was tut mir gut? Was schadet mir? Was ist wichtig für mich? Was vernachlässige ich? Sich verstehen beruht auf guter Kenntnis der eigenen Möglichkeiten und Grenzen. Statt dass man nur bestimmte, vorgegebene Dinge glaubt, wünscht oder fühlt, kann man sich fragen: Woher kommen meine Gefühle und Phantasien? Was hat sie ausgelöst? Wo liegt ihr Ursprung? Es geht darum, sich in seinem Fühlen zu verstehen, statt ihm ausgeliefert zu sein. Solches Wissen ergänzt das gewöhnliche Wahrnehmen der Welt, vertieft es und macht es wesentlicher, weil es das Erleben der Welt näher mit dem Erleben des eigenen Seins zusammenführt. Und hier liegt auch das Besondere dieses Verstehens. Wer seine inneren Bewegungen zu verstehen versucht, gewinnt innere Orientierung, wird mutiger, kann sich besser abgrenzen und auch gegen den Strom schwimmen, wenn es sein muss. Wer Orientierung hat, kann auch Orientierung geben, oder allenfalls nach ihr fragen.

Die innere Perspektive öffnet sich, wenn wir die Fundgrube unserer Träume, Wünsche und Sehnsüchte als Schatz erkennen, den wir heben können, um mehr über uns selbst zu erfahren. Wird da ein Wunsch sichtbar? Verspüren wir eine Sehnsucht? Kommt eine Erinnerung? Eine Traurigkeit? Ein kleines Glücksgefühl? Das sind Fragen, die zum Eigensinn führen. Sie werden uns nicht um unseren Verstand bringen, sondern zu uns selbst zurück. Deshalb mein Motto: Zeige mir, wie selbstbestimmt du lebst, und ich sage dir, ob deine Wege zur Sinnerfahrung kurz oder lang sind.

Rendezvous mit sich selbst

Kein Mensch schuldet dem anderen ein sinnvolles Leben. Damit muss man erst einmal fertig werden. Manchmal braucht man lange, um das zu begreifen. Aber eigentlich bedeutet es nur, dass niemand anders da ist, der einem diese Aufgabe abnimmt. Es bleibt einem nichts anderes, als sie selbst in die Hand zu nehmen. Dazu gehört ein bisschen Askese – sprich, die Lust, sich selbst Raum für Eigensinn zu schenken. Wie geht das? Meine Antwort lautet, indem man sich ein Stück Eigenwelt organisiert. Es beginnt mit einer Verzichtleistung, denn wenn wir darauf verzichten, von anderen zu erwarten und zu fordern, öffnen sich neue Räume. Alleinsein gewinnt eine neue Qualität. Natürlich meine ich das absichtsvolle, freiwillig gewählte. Allein schon der äußere Entzug von alltäglichen Erwartungen und Ansprüchen und der Kulissenwechsel setzen ein Zeichen: »Jetzt tue ich etwas für mich!« Francesco Petrarca, der einsame Bergsteiger und Philosoph, formulierte diesen Gedanken schon vor 650 Jahren: »Kehre bei dir selbst ein, wache bei dir; sprich mit dir, schweige mit dir; zögere nicht, mit dir allein zu sein. Denn bist du nicht bei dir, dann wirst du auch unter Menschen allein sein.« Wenn wir es nicht aushalten, bei uns selbst zu sein, wie können wir von anderen erwarten, dass sie gern bei uns sind?

Gewiss steht das Alleinsein noch für etwas anderes: für Selbstbestimmung. Ein Leben, in dem es gelingt, so zu sein, wie man wirklich ist, zu fühlen, was man fühlt. Ein Ort ohne Bewertung von außen, ohne verordnete Gefühle, ohne Bevormundung oder Beherrschung durch Gefährten. Allein sind wir nie ganz allein, wir sind immer mit jemandem: mit uns selbst. Die Frage ist nur, wie? »Ich habe einfach nicht so edle Gedanken wie diese großen Schriftsteller, bei mir geht es um ›spazieren gehen, oder nicht‹, ›Sandwich auswärts oder lieber im Zimmer essen‹, ›Wäsche heute oder lieber morgen waschen‹ – nicht gerade sehr inspirierend, oder?« So die Beschreibung einer Frau, die ein schlechtes Gewissen hatte, weil sie dem Alleinsein nur wenig abgewinnen konnte. Für manche mag das Alleinsein ungewohnt sein, weil es mit Geborgenheitsverlust einhergeht. Deswegen stürzen sie erst einmal in eine Leere, die schwer auszuhalten ist. Auch wenn diese Erweiterung des Selbstbildes um düstere Dimensionen erst einmal schmerzt, so öffnen sie dennoch neue Türen, aber eben nicht nur pflegeleichte Türen, denn Alleinsein bringt Wahrheit ans Licht. Man erfährt, was man an sich selbst hat. Vielleicht fällt man vom hohen Ross und stößt mit der Nase auf verdrängte, oft über Jahre ignorierte Seelenwinkel. Das Versäumte meldet sich womöglich als depressiver Einbruch, oder man entdeckt, dass alte Sinngebungen in Beziehungen, Beruf oder Ehrenämtern nicht mehr tragen. Oder man gerät in ein schwarzes Loch und phantasiert, dass die Freunde ausbleiben werden. Das vertraute Selbstbild schrumpft, wenn keiner mehr fragt: »Wann gibt es Abendessen?«, »Wo sind meine Schlüssel?«, die Hände sind plötzlich leer, weil niemand mehr da ist, der sagt: »Kannst du mal? Gib mir mal! Hilf mir mal! Reich mir mal!« Es gilt, sich die Leere anzuschauen und vor allem die Geduld und den Mut aufzubringen, eine Phase ohne Sicherheiten auszuhalten. Denn das Faszinierende am Alleinsein ist dieses Zusammentreffen der Gegensätze: Dort wo der Raum eng ist, öffnet sich der Blick für neue, bisher ungeahnte Fenster nach dem Leben. Eine andere Art von Schauen und Hören entsteht. Die Landschaft, die Begegnungen, die Gesichter, die Bäume, die Abendstimmungen sprechen unmittelbarer zu uns. Meist gerade im engsten Raum, in der Einsamkeit, der Aussichtslosigkeit, wenn Wege zu Ende gehen, beginnt ein neuer Weg.

»Ich habe mich wie in einer Mondlandschaft gefühlt. Mir war nur noch kalt. ›Halt es aus‹, sagte ich mir, denn ich dachte, ich werde verrückt. Plötzlich fiel mein Auge auf das frische Grün und die ersten Schlüsselblumen. Unglaublich – sie kommen immer wieder. Plötzlich wurde ich ganz weich, fast heiter und hatte das Gefühl – das Leben kommt auch wieder zu mir. Es umarmt mich gerade.« So beschreibt eine junge Frau ihr Alleinsein, das sie anfänglich als Bedrohung empfand und allmählich als selbst gewählten, notwendigen Ort innerer Wandlung.

Es ist wichtig, zumindest zeitweise bei sich einzukehren, so wie wir sind – endlich, unvollkommen, mit Ängsten, Rissen und Fehlern – denn Alleinsein ist nicht nur das beste Heilmittel gegen Einsamkeit, wie C. G. Jung dieses Paradox beschrieb, sondern auch unser Geschenk für die anderen um uns, die sich so daran gewöhnen, dass es nicht gegen sie gerichtet ist. Ein heute noch aktueller Gedanke hierzu stammt vom Philosophen Marc Aurel: »Die Menschen suchen sich Orte, an die sie sich zurückziehen können, auf dem Lande, an der See und im Gebirge. Und auch du hast es dir zur Gewohnheit gemacht, dich danach mit ganzem Herzen zu sehnen. Doch das ist wirklich in jeder Hinsicht albern, da es dir doch möglich ist, dich in dich selbst zurückzuziehen, wann immer du es willst. Denn es gibt keinen ruhigeren und sorgenfreieren Ort, an den sich ein Mensch zurückziehen kann, als die eigene Seele.«

Es gibt eine sinnvolle Fortbewegungsart, bei der »auch die Muskeln ein Fest feiern« (Nietzsche). Ich spreche vom Wandern, das zu Fuß, per Fahrrad oder per Boot möglich ist. Das erhöht nicht nur die Lust am Dasein. Es ist eine der natürlichen Möglichkeiten, bei Sinnen zu sein, Zwecke, Ziele und Nutzen zu vergessen, und sich einzulassen auf den Weg und sich von ihm vereinnahmen zu lassen. Das stiftet genug Sinn. Nämlich so viel Sinn, dass man für einen Moment die Frage nach dem Sinn als gelebte Antwort erfährt.

Natürlich geht Sinn nicht im Alleinsein auf, so wohltuend und sinnvoll es ist. Selbst auf der einsamen Insel entkommen wir nicht der Tatsache, dass der Weg wieder zurück zu den anderen geht. Aber um anzukommen, kehren wir erst einmal bei uns selbst ein. Denn was ist dieses Einkehren letztlich? Eine uralte Hoffnung, eine Chance, eine Phantasie, eine Möglichkeit – mehr nicht, aber auch nicht weniger.

Sinneswandel

»Ich bin einundvierzig«, sagte ein Geschäftsmann, »die Hälfte meines Lebens liegt hinter mir. Möchte ich wirklich so weitermachen?« Die Antwort kam sofort: »Nein. Es macht keinen Sinn mehr.« Es scheint geradezu, als ob unser Unbewusstes bei allem mitredet, was wir sagen; oft verstehen wir nicht, was es ausplaudert, aber bei diesem Mann war es eindeutig. Viele Jahre hatte er andere Bedürfnisse zurückgestellt und sein intensives Berufsengagement ließ die vielen Verzichte auch sinnvoll erscheinen. Nun hat seine Sensibilität eine neue Stufe erreicht: »Ich weiß, dass ich etwas ändern muss. Wenn ich es nicht tue, werde ich mein Gesicht im Spiegel nicht mehr aushalten.« Das war zwar kein tröstlicher Gedanke, aber immerhin ehrlich.

Im Strom des vorbeiflutenden Wissens liegen Inseln des Bewusstseins über uns selbst. Auf der unteren Stufe der Entscheidungen – »lieber den Zug oder das Auto nehmen«, »lieber Rotwein oder Weißwein zur Pizza Margherita«, »Mittagsschlaf oder doch besser spazieren gehen« – steht nur wenig auf dem Spiel, wenn wir uns irren. Etwas höher angesiedelt liegen diese graduellen Veränderungen, die sich aus der Anhäufung von unspektakulären Erfahrungen ergeben – »sinnlos in dieses Hobby meine Kraft weiter zu investieren«, »lohnt sich nicht, diese Fortbildung fortzusetzen«, »keine Lust mehr, ihm weiter nachzulaufen«, »Ich mag kein Fleisch mehr essen, ich werde auf vegetarische Kost umstellen.«

An der Spitze dieser Pyramide liegt etwas qualitativ anderes. Hier geht es um umfassende, existenzentscheidende Veränderungen, die Geist und Seele bewegen. Beispielsweise der Therapeut, der kurz entschlossen seine Praxis aufgab. Er konnte es einfach nicht mehr aushalten, mit »Wohlstandsneurosen« umzugehen und entschied sich, an die Front der Not in ein Kriegsgebiet zu gehen, um traumatisierten Menschen beizustehen. Es war eine Bauchentscheidung. Im Traum erschienen ihm Menschen, die in tiefer Not ihre Arme ausstreckten. Er fühlte sich angesprochen. Es war das Bild im Traum, das seine Seele brauchte, um diesen Schritt zu wagen. Ohne starke Gefühle gäbe es wohl kaum solch einen Sinneswandel. Hätte er nur Fallbeispiele gelesen, wäre er wahrscheinlich gefühlsmäßig nicht so »angesprungen«.

Der in Harvard lehrende Psychologe Howard Gardner nennt dieses Phänomen »Resonanz«. Der Impuls, seinen Gefühlen zu folgen und einen neuen Weg einzuschlagen, auch wenn er ungewiss oder riskant ist. Man nimmt die Ungewissheit in Kauf, weil die Stimme des Herzens unüberhörbar ruft: »Tu es!« Sie hat ihre eigene Logik. Wenn wir auf diese Emotionen hören, werden wir nicht zu Helden, Heiligen, oder zu Asketen, die auf Vergnügen und Lust verzichten, oder gar das eigene Leben aufs Spiel setzen. Vielmehr folgen wir einer Idee, weil sie sich stimmig anfühlt, weil sie eine neue Tür öffnet, die unseren Sinnhunger zu stillen vermag. Menschen, die zu radikalen Veränderungen imstande sind, zeigen uns eines: Sie haben ein entschiedenes Sinnbewusstsein. Allein der Mut zu großen Wendungen wäre nicht möglich ohne die Gewissheit, dass dabei Sinn freigesetzt wird. Sinn vertieft, erhöht, verfeinert, überschreitet unsere elementaren Bedürfnisse nach Essen, Schlaf, Lust. Wer beispielsweise einem Notleidenden hilft, erlebt mehr als elementare Befriedigung – eine, die die Selbstachtung erhöht.

Damit komme ich zurück zur Resonanz. Sie ist weit mächtiger als unser Intellekt. Man kann darüber diskutieren und referieren, wie sinnvoll und notwendig es sei, Menschen in Not zu helfen. Aber wenn die Emotionen nicht angesprochen und zum Schwingen gebracht werden, verpufft die Einsicht ziemlich rasch. Aber genau das Gegenteil passiert, wenn gefühlsmäßige Resonanz entsteht. Für eine Lehrerin waren es die Sätze von Max Frisch, als sie plötzlich wusste: »So will ich werden. Ich habe es satt, nur Wissen einzupauken, ich möchte auch so ehrlich und emotional differenziert, wie er es in seinen Büchern beschrieb, meine Schüler wahrnehmen. Ich kann nicht mehr so weitermachen wie gehabt.« Ein junges Mädchen erzählt: »Wenn ich in der Zeitung übers Rauchen gelesen habe, das hat mich völlig kalt gelassen und genervt. Aber als ich erlebte, wie mein Onkel am Lungenkrebs regelrecht krepierte, da hätte ich jeden Raucher ohrfeigen können.« Ein Trompeter erinnert sich: »Als der Musiklehrer mit einem Arm voller Instrumente in die Klasse kam und endlich die Trompete demonstrierte, ging plötzlich wie von selbst mein Arm nach oben, und ich hörte mich ganz aufgeregt rufen: ›Die will ich!‹« Für ihn war es, als hätte eine unsichtbare Hand ihn am Arm gepackt und sein Herz berührt. Gemeldet, gesagt, getan – daraus wurde dann eine lebenslange Liebesgeschichte.

Oder eine meiner Klientinnen, die nach dem Sommerurlaub zum katholischen Glauben übergetreten war, und auf meine Frage nach ihrer überraschenden Bekehrung antwortete: »Vielleicht war es die lange Therapiepause, aber mein Herz hat mir eingeflüstert: ›Du musst was ändern. Geh zu den Katholiken, die passen viel besser zu dir als diese nüchternen Protestanten‹, vor allem wegen der Beichte und dem Weihrauch.«

Das Gemeinsame dieser Aussagen ließe sich auf einen Nenner bringen: »Es fühlt sich stimmig an«, oder schlicht »es ist richtig«. Egal wie lange man sinniert, gegrübelt hat, plötzlich spricht das Herz und man handelt.

Zu meiner eigenen Überraschung bin ich inzwischen überzeugt, dass Sinn und Sinneswandel in erster Linie die Folge emotionalen Empfindens sind, und erst in zweiter Linie eine Art des Denkens oder Formulierens von Gedanken. Emotionen haben sinnstiftende Kraft. Dafür sprechen namhafte Forscher, wie beispielsweise der Neurobiologe Gerhard Roth: »Das bewusste Ich ist nicht in der Lage, über Einsicht und Willensentschluss seine emotionalen Verhaltensstrukturen zu ändern; dies kann nur über emotional bewegende Interaktionen geschehen.« Und dafür sprechen auch die vielen Menschen, die plötzlich ihre Sensibilität oder Offenheit entdecken und Zusammenhänge und Antworten auf Fragen des Wohins, des Wozus intuitiv wissen.

Hier liegt auch der Grund, weshalb Menschen resistent gegen kognitiv orientierte Therapien sind, weil ein rationaler, an die Logik appellierender Zugang zu einseitig ist. So makaber es klingen mag, die Neurose ist stärker als die Therapie, das wissen alle Therapeuten. Ob innerhalb oder außerhalb der Therapie: Menschen ändern sich eher, wenn es gelingt, den Intellekt zu umschiffen und positive Botschaften einzuschleusen. Jemand, der den Satz »Liebe ist stärker als Zerstörung« in die Emotionen eines Menschen einschreiben kann, der hat heilende Kräfte mobilisiert. Die alten Hypnotiker wie beispielsweise Anton Mesmer hatten das besser begriffen als viele von uns heute. Sie wussten intuitiv: Veränderungen geschehen nur über emotional korrigierende Neuerfahrungen. Sich darauf einzulassen, hieße an den Punkt zu gehen, wo die eigenen Intensitätspunkte des Lebens liegen. Alles, was mit der Würdigung von Emotionen, mit tiefem Vertrauen und Hingabe einhergeht, führt in diese Bereiche hinein, wo es auf einer tieferen Ebene um Öffnung geht. Es geht also darum, dort zu suchen, wo unsere eigene Intensität und unsere Kraftquellen liegen.

Eine typische Aussage von einem Sportler: »Es geschah von einem Tag auf den anderen. Ich war plötzlich ganz sicher, ich muss aufhören mit dem Skifahren. In der Welt des Sports geht meine Seele vor die Hunde. Zum Glück habe ich nicht gewartet, bis sich mein Kopf gemeldet hat, der hätte sicher unzählige Pros und Kontras gefunden. Die Gefühle waren einfach schneller und überzeugender.«

Woher diese Resonanz kommt, ist zwar noch unklar. Aber die populären Begriffe »Bauchentscheidung«, »Bauchwissen« sind nicht aus der Luft gegriffen. Wissenschaftler sprechen vom »zweiten Gehirn«, das sich im Unterbauch wenige Zentimeter unterhalb des Nabels befindet, wo die dichteste Konzentration an Nervenverästelungen außerhalb des Gehirns zu finden ist. Die Japaner bezeichnen diese Region als »Hara«: der Schwerpunkt des Körpers, wo Energie und Gefühlswahrnehmung sich zur Kraft verbinden, und der Mensch zum inneren Gleichgewicht findet.

Emotionen spielen eine entscheidende Rolle im Hinblick auf Sinngewissheit. Sie sind nicht nur Begleitmelodie für Veränderungen und Lebenswendungen, sondern Katalysatoren, die uns dorthin führen, wo es sich »richtig anfühlt« und eben nicht dort, wo es leicht und ohne Schwierigkeiten vor sich geht. Von den Rolling Stones gibt es einen bekannten Song, der diesen Gedanken popularisiert: »Wir bekommen oft nicht das, was wir wollen, aber wir bekommen oft das, was wir brauchen.« Das heißt umgekehrt: Wer seine Emotionen wahrnimmt und ernst nimmt, spürt intuitiv den Weg zu neuem Sinn.

Stehenbleiben oder weitergehen?

Was ist es, dass manche ihr Leben radikal verändern, während andere in der gleichen Situation unberührt bleiben? Warum sind diese sogenannten »Gipfelerlebnisse«, die jeder auf die eine oder andere Art kennt – einen Marathon laufen, eine Sternenbegegnung, ein atemberaubender Sonnenuntergang, die unvergessliche Bergwanderung, die unverhoffte Liebeserklärung, der unglaubliche Ballettabend – für manche ein Tor zur Selbstüberschreitung, und für andere lediglich eine nette Abwechslung? Warum erleben manche ein Ereignis als Fingerzeig des Schicksals, während andere es als Zufallstreffer oder »Kick« empfinden? Warum erlebt der eine die Welt plötzlich anders, nachdem er ein Gospelkonzert gehört hat, und der andere geht nach Hause und schaut fern? Warum schreibt einer ins Tagebuch »heute Kathedrale besucht«, während der andere überwältigt von diesem Erlebnis viele Seiten füllt?

Gibt es Menschen, die tatsächlich eher imstande sind, Bedeutung und Sinn in einem größeren Zusammenhang zu erkennen? Hier gibt es zwei Auffassungen: die eine, die die persönliche, innere Veranlagung dafür verantwortlich macht und meint, es gäbe die geborenen Sinnsucher und andere, die gut zurechtkommen, ohne sich große Gedanken über Sinn und Bedeutung des Daseins zu machen: »die glücklichen Karotten«, wie die Psychotherapeutin Marion Woodman sie scherzhaft bezeichnete.

Nun sind wir ja alle Pflanzen auf Gottes Acker und andererseits aber auch nicht, da wir im Unterschied zur Karotte uns eben so unsere Gedanken machen, sonst würden wir die Aussage: »Das Leben ist für mich sinnlos« nicht als ernst zu nehmenden Ausdruck einer Krise verstehen. Deswegen ist es wahrscheinlich angenehmer der anderen Auffassung zu folgen, die mehr nach außen schaut, auf die Umweltfaktoren. Es kommt also nicht in erster Linie darauf an, wer man ist, welche Persönlichkeitsfaktoren dominieren, sondern was einem widerfahren und angetan worden ist, weil wir unsere Eltern nicht aussuchen, die Verwicklungen nicht wählen konnten, die Geschehnisse nicht steuern können, die uns gemacht haben. Um den Psychologen Philip Zimbardo zu zitieren: »Du kannst keine süße Gurke werden in einem Essigfass.« Wir sind also wesensgemäß alles andere als »self-made people«, wir sind »made by other people«.

Beide Einsichten, die einem das Leben auch ohne Therapie beschert, lassen sich trotz ihrer Widersprüchlichkeit auf einen Nenner bringen, der als »Gelassenheitsspruch« immer wieder rezitiert wird: »Gott gebe mir die Gelassenheit, Dinge hinzunehmen, die ich nicht ändern kann, den Mut, Dinge zu ändern, die ich ändern kann, und die Weisheit, das eine vom anderen zu unterscheiden.« Anders gesagt: Indem ich erkenne, was ich nicht beeinflussen kann, entdecke ich meine Möglichkeiten, mein Leben zu ändern – und umgekehrt.

»Du musst dein Leben ändern« – kaum jemand, der sich von diesem Rilke-Satz nicht angesprochen fühlt. Und dennoch stecken wir ihn eher in die Rubrik »Dinge, die anderen passieren«, oder wir lesen fasziniert Berichte über Leute, die »es« geschafft haben.

Warum ist das eigentlich so? Bedeutet das, dass die meisten mit ihrem Leben zufrieden sind und nichts ändern wollen? Dagegen spricht die weit verbreitete Phantasie: »ich würde am liebsten aussteigen«, »ich würde gern andere Prioritäten setzen«, »hätte ich doch bloß«, »hätte ich doch bloß nicht«, bis hin zu Überlegungen, welche Wellen oder Nachbeben solche Entscheidungen nach sich ziehen würden. Was hält uns ab? Was bremst da?

Die eine Hürde liegt in unseren Köpfen und lautet: Wahrnehmung. Das heißt, wir nehmen diesen Veränderungsimpuls im wahrsten Sinn des Wortes nicht richtig »wahr«, nicht ernst genug, und bewerten ihn dementsprechend als eine dieser vorübergehenden Launen oder Hirngespinste. Typische Äußerungen: »Das tut's doch!«, »Ich will bloß meine Ruhe!«, »Das gibt sich wieder!« Wahrnehmen, was wir wünschen und wollen, braucht einiges an Sorgfalt beim Aussortieren und Wahrhaftigkeit gegenüber sich selbst. Viel eher sind Menschen gewohnt, zu reagieren und sich anzupassen, deshalb fällt es ihnen nicht leicht und es scheint ihnen sogar beängstigend, wahrzunehmen, was sie wirklich wollen. Dabei denke ich an die vielen Menschen, die in kargen Beziehungen verkümmern und sich im Aushalten und Dienen ein Stück Wärme zu erzwingen versuchen, statt sich nach dem zu orientieren, was sie in die Kraft bringen könnte. Es meldet sich der Verdacht, dass dieses Mitmachen und Aushalten von der eigenen Wahrnehmung ablenkt und stressig und aufwändig ist, weil es anstrengend ist, die Eigenwahrnehmung dauerhaft zu übertönen. Umso stimmiger, entlastender fühlt es sich an, wenn die Welt im eigenen Kopf wesentlicher wird als die äußere. Aber es braucht Mut, so zu leben, wie wir gemeint sind.

Damit sind wir bei der zweiten Hürde. Sie hat mit dem Herzen zu tun und heißt: Mut. Unser Herz äußert sich ja nicht nur durch Herzlichkeit, sondern durch Beherztheit. Sie ist die Initiativkraft, die wir brauchen, um Herz und Verstand zusammenzuführen, um unseren Willen und unsere Kraft zu aktivieren. Beherztheit ist der kleine Anstoß, der zu eigenen Gedanken und Eigensinn führt, die vor allzu viel Anpassung und Bequemlichkeit bewahrt. Sie ist es, die unserem Sinnhunger Energie und Eigenwilligkeit schenkt und uns vor der großen Subversion bewahrt: der Herzlosigkeit.

Ohne Mut gibt es keine schöpferischen Veränderungen. Beherztheit ist der Mut zum Guten, das zu tun, was ich tun will. Dazu gehören auch die Langmut und die Demut, bei der sich der Kopf freiwillig dem Herzen beugt, bis hin zur Anmut, die sich als Schönheit zeigt, die von innen strahlt. Ich gebe zu, es ist heute unsicher geworden, worin der Sinn einer bestimmten Situation besteht. Man kann nicht einfach nur aus dem Bauch mutig sein. Man kommt nicht umhin, zu reflektieren, zu denken, zu diskutieren, zu streiten und seine Erkenntnisse immer wieder in Frage zu stellen und zu revidieren.

Beherztheit könnte man auch als Mut zu sich selbst bezeichnen. Jemand, der sich das eigene Denken und Handeln weder verbieten noch vorschreiben lässt. Jemand, der sich selbst treu bleibt, sich durch die eigenen inneren Widerstände und Fluchttendenzen hindurchkämpft, um unbeherrscht von äußeren Verführungen seinen eigenen Sinn zu finden. Mut äußert sich auf sämtlichen Sinnetagen: sich nicht von anderen sagen zu lassen, was man zu denken und zu fühlen hat; selbst beurteilen, wie man sein

Leben gestaltet, wie man Kontakt, Begegnung und Beziehung pflegt, wie man sich kleidet, welche Sprachen man lernt, wann man sich wehrt oder innehält, worüber man lacht oder weint.

Das Geheimnis der Menschen, die imstande sind, ihren Sinnhunger auch konkret umzusetzen, ist eigentlich kein Geheimnis, sondern die schlichte Tatsache: Sie können es. Sie können es, weil sie ihre Wahrnehmung ernst nehmen und den Mut aufbringen, ihr zu folgen. Auf eine Kurzformel gebracht: <u>Sie übernehmen Verantwortung für sich selbst</u>.

Sinn-Kompetenz

Von Hermann Hesse stammt der Ausspruch: »Das Leben hat soviel Sinn, wie wir ihm zu geben vermögen.« Diese Fähigkeit und Bereitschaft ist eine Kunstfertigkeit, die wie jede andere erworben und geübt werden kann. Peter Bieri ortet diese Fähigkeit im »Gravitationszentrum der eigenen Emotionen«. Eine Metapher, die man erst einmal auf sich wirken lassen muss. Zunächst geht es darum, sich selbst zu verstehen versuchen und den Gedanken, Gefühlen, Bedürfnissen nachzugehen, die einen in eine bestimmte Richtung lenken. Aus Gedanken, Gefühlen werden Sehnsüchte, Wünsche, Pläne, denen man nachgeben oder von denen man sich distanzieren kann. Wir sind also nicht deren Spielbälle, sondern wir haben einen inneren Radar, nämlich unseren eigenen Willen, der unser Handeln, unsere Entschlüsse ausrichtet und mitbestimmt. Eine Möglichkeit, sich auf die Spur zu kommen, wäre also ganz schlicht: Erkenne dich an deinen Handlungen! Reflektiere, was du tust! Zumindest liefert die Besinnung auf die eigenen Handlungen einen Kompass, der anzeigt: Stimmt mein Handeln mit dem überein, was Sinn in mein Leben bringt? Bin ich einverstanden mit dem, was ich tue? Jeder hat einen intuitiven Sinn, ob das eigene Handeln dem entspricht, was Sinn macht, welche Werte, Ziele erstrebenswert sind. Folglich hat jeder auch die Kapazität zu spüren, wenn Unstimmiges, Ungereimtes, Dissonantes auftaucht.

Ein sehr bekanntes Beispiel dafür ist die sogenannte »Aktionitis«. Man stopft sich mit lauter künstlichen Aktivitäten voll, bis man schließlich vor lauter »Besinnungslosigkeit« dort ist, wo man niemals sein wollte und merkt, dass man sich am falschen Ort gesucht hat. Ein Klient sagte es drastisch: »Ich tue genau das, was ich am meisten hasse!« Oder ein anderer: »Meine Ehe ist vor die Hunde gegangen, meine Kinder behandeln mich wie einen Bekannten, und ich ersticke im Stress. Ich habe zwar viel geschafft, aber genau das Gegenteil von dem erreicht, was ich mir gewünscht hatte!«

Interessant ist, dass Kinder viel eher bereit sind, ihre Weltsicht zu ändern, nicht nur weil sie spontan, impulsiv und unreif sind, sondern einfach weil ihr Gehirn noch plastischer, formbarer ist. Während wir Erwachsenen dazu neigen, an unseren Überzeugungen festzuhalten, auch wenn die Tatsachen dagegen sprechen. Der Psychologe Leon Festinger, der den Begriff »kognitive Dissonanz« prägte, entdeckte schon in den fünfziger Jahren, zu welch erstaunlicher mentaler Gymnastik Erwachsene in der Lage sind, um ihre einmal gefassten Meinungen zu rechtfertigen, selbst wenn objektive Tatsachen dagegen sprechen. Menschen bemühen sich, ihre Wahrnehmungen und Annahmen mit ihrem individuellen Selbstbild in Einklang zu bringen. Sie versuchen damit, psychologische Harmonie herzustellen.

Ein ganz normales und vertrautes Beispiel ist ein Schokoladensüchtiger »Schokoholiker«. Er könnte Dissonanz empfinden, weil er einerseits die Schokolade genießt und andererseits weiß, dass sie seiner Gesundheit und seiner Figur nicht bekommt. Er versucht nun diese Dissonanz auszubalancieren, indem er die gesundheitlichen oder figürlichen Folgen als unerheblich einstuft, oder indem er auf eine bittere Schokolade umstellt. Oder er überlegt sich eine eigene Theorie, indem er den therapeutischen Effekt der Schokolade auf seine Verstimmungen in den Vordergrund stellt. In jedem Fall werden innere Einstellungen und Verhalten neu aufeinander abgestimmt, um wieder innere Harmonie herzustellen.

Auch die populären Sentenzen: »Ich muss meinen Arzt wechseln, weil er meinte, ich solle weniger trinken«, oder: »Mein Arzt meinte, ich solle viel trinken – zum Glück hat er nicht gesagt, was«, veranschaulichen, wie Menschen trotz besseren Wissens Fakten interpretieren, um weiter zu glauben, was sie glauben wollen. Sicher – da gibt es graduelle Unterschiede: Manche Menschen sind introspektiver als andere und sensibler für kognitive Dissonanzen. Manche haben einen empfindlicheren Riecher für ihre Empfindungen und Gefühle und spüren schneller, wenn ihre Handlungen nicht mit dem übereinstimmen, was sie eigentlich wollen. Eine Frau drückte es so aus: »Ich schreie schon ›Aua‹, wenn andere noch gar nichts merken!« Aber Sinnkompetenz lässt sich pflegen und vertiefen. Je mehr wir uns gestatten zu fühlen, und unsere Gefühle als Botschaften über uns selbst zu deuten lernen, um unserer eigenen Wahrheit näher zu kommen, desto leichter finden wir Wege, uns für neuen Sinn zu öffnen. Denn je mehr Wissen wir über uns selbst gewinnen, je mehr wir lernen uns zu hinterfragen, desto eher begeben wir uns dorthin, wo unser wahrer Platz ist. Zumindest wäre das der erste Schritt, wenn unser Leben nach Veränderungen ruft.

Aber Selbstverständigung kommt nicht auf leichten Füßen, besonders in Krisenzeiten, wenn wir sie besonders brauchen. In belasteten, schwierigen Situationen ist es schwer, unsere Schatten und Schwächen einigermaßen klar einzuschätzen; wir sind zu befangen, um überhaupt zu merken, dass wir befangen sind. Wie kommt man aus dieser Befangenheit heraus? Erst einmal: Abstand nehmen! Einen Schritt zurücktreten und sich besinnen, das heißt, grundsätzliche Fragen zu stellen: Wie geriet ich in diese Situation? Was blockiert mich? Wie stark ist meine Motivation, hier herauszukommen? Wer kann mir helfen? Manchmal sind die Menschen, die uns am meisten lieben und uns die nächsten sind, keine Hilfe. Womöglich sind sie sogar Teil des Problems. Ich denke dabei an eine Kindergärtnerin, die einsah, dass ihre »Nettigkeit« für sie als erwachsene Frau unakzeptabel geworden war. Ihr Anpassungsreflex, so nötig er als Mädchen für sie war, forderte tägliche Opfer an Integrität als Erwachsene von ihr, was sie gar nicht »nett« fand. In dem Moment, als sie anfing, direkt und mutig mit eigener Stimme zu sprechen und zu spüren, wo »ihr eigener Schatz« vergraben lag, wurde sie erst einmal in ihre gewohnte Ecke zurückgepfiffen. Ihre Familie fand, dass es »normal« sei, nett zu sein und entmutigte sie dementsprechend. Laing äußerte sich mit einem treffenden Bild zu dieser Verhaltensweise: »Man darf den Himmel nicht als grau wahrnehmen, wenn die anderen ihn als blau sehen.« Es ist nicht zu unterschätzen, wie mächtig der Wunsch nach Zustimmung der Gruppe ist, weshalb wir immer wieder die Wahrnehmung unserer Sinne und unseres Herzens übergehen und unseren persönlichen Sinn verraten. Diese Konditionierung führt dazu, dass wir unserer eigenen Wahrnehmung nicht mehr trauen und wir uns letztlich selbst verlieren. Man ist dann mit der Zeit überzeugt, es sei völlig normal, den gleichen Schaltkreisen der Gewohnheit, den ausgetretenen Gleisen, dem gleichen Trott zu folgen. Man glaubt, den Konventionen zu folgen und entfernt sich dabei immer mehr von seinem Anspruch, in seinem Handeln und Tun einen Sinn zu finden.

Sich der Frage auszusetzen: »Was macht es für einen Sinn, dass ich hier bin? Was macht mein Leben stimmig?«, geschieht meist nicht freiwillig, sondern wenn das Leben enger wird, wenn Krankheiten, ungewollte Einsamkeiten, Verluste, Verzweiflungen uns an den Schultern rütteln, wenn Lasten, Überforderungen uns niederdrücken. Die Suche nach Erklärungen, aber auch nach persönlichem Nutzen ist es, die uns zu Experten in Sachen Sinn macht.

Wie bescheiden oder schlicht unsere Antworten ausfallen, es geht immer um unser kleines selbst gestaltetes Reich und – um unsere Würde. Gerade in den Tiefpunkten, wenn Scham, Verzweiflung oder Entrüstung in uns kochen, ist es letztlich der Kampf um die eigene Würde, der uns nach irgendwelchen Strohhalmen greifen lässt. Für viele ist Gott das Refugium, das Entlastung und die Seele wieder ins Gleichgewicht bringt, vor allem wenn sie nach Antworten auf das Unverständliche, Überwältigende sucht. Ein überraschender Gedanke hierzu von dem Philosophen und Psychologen William James, der meinte, nicht wir bringen unsere Probleme zu Gott und er antwortet, sondern es ist gerade umgekehrt: Was Antworten auf unsere Nöte gibt, das nennen wir Gott. Ein Gedanke, den auch Luther in seinem Großen Katechismus aufgreift: »Woran du nun dein Herz hängst und worauf du dich verlässt, das ist eigentlich dein Gott.« Also nicht viele Probleme und ein Gott, sondern viele »Götter« und eine zentrale Frage: »Was gibt meinem Leben Sinn?«

Es hat mit unserem tief verwurzelten Wunsch nach Sinn zu tun, dass wir bereit sind, alles zu tun, um einen größeren Zusammenhang zu finden und unsere Würde und unseren Selbstrespekt wiederherzustellen. Die mit dem Kampf um die eigene Würde verbundene Erfahrung und Sinnerweiterung – wie auch immer wir sie benennen – bedeutet zweifellos einen Zuwachs an persönlichen Ressourcen.

Gesichter des Sinns

Manche verstehen unter Sinn nur die große Frage nach *dem* Sinn des Lebens. Unser Alltag ist aber gespickt mit lauter kleinen Sinnfragen. Jede Entscheidung wirft Fragen auf, die die Einschätzung des eigenen Könnens, der eigenen Prioritäten und Wertigkeiten, der Abstimmung mit anderen verlangen. Erst dann sind wir orientiert, wenn wir auch in den kleinen Fragen einen Zusammenhang oder ein Eingebettetsein in ein größeres Wozu finden. In den kleinen Entscheidungen, in dem, was wir gerade tun, zeigt sich die Ausrichtung, in der man lebt. Offensichtlich hat jeder so etwas wie einen eigenen »Setpoint« (Jonathan Haidt), jedoch nicht nur für sein optimales Gewicht, sondern auch für Gefühle wie Ängstlichkeit, Risikofreudigkeit und eben – Sinn. Das heißt: Mehr Sinn zu erfahren, als man erfahren kann, ist genauso aussichtslos wie die Erfüllung des Wunsches, größer zu sein, als man nun einmal ist. Man fühlt sich erinnert an Nietzsches »Werde, der du bist.«

Dieser persönliche Set-point wirkt sich auf die Kompetenz in Sinnfragen aus. Nicht jeder ist interessiert, sich mit solchen Fragen zu beschäftigen: »Was bringt einem das?«,

»Da macht man sich das Leben nur unnötig schwer!« Nicht jeder ist für diese Aufgabe gleichermaßen gerüstet. Und manchen widerstrebt es sogar, über Sinn zu reflektieren, weil bis dahin unhinterfragte Werte ins Wanken geraten, oder weil Krisen so erst recht heraufbeschworen werden. Diese Abwehr gilt es zu respektieren, denn es gibt in der Tat unterschiedlich entwickelte »Sinnerfassungskapazitäten« (Petzold).

Die Psychologin Freya Dittmann-Kohli hat in ihren Untersuchungen von 1995 zur Sinngebung über die Lebensspanne belegt, dass Sinn altersgemäß in unterschiedlichen Lebensabschnitten durchaus verschieden erlebt wird. Auch das Nachsinnen über sich selbst und die Lebensansprüche verändert sich über die Lebensspanne.

Jugend heißt, Durst nach Wissen, Empfänglichkeit für Ideologien, die Überschätzung des eigenen Selbst und die Bekanntschaft mit Lust und Begehren. In diesem Experimentierfeld der Sinnsuche fällt auf, dass Jugendliche eher mit sich selbst und dem eigenen Leben beschäftigt sind. So gestalten sich auch die Antworten von Jugendlichen. Sie tendieren eher in Richtung egozentrischer Vorstellungen und ihre Antworten nehmen häufig die Gestalt absoluter Wahrheiten an. »Ich brauche Selbstverwirklichung und Sex ... und ich muss selbst was tun ... zum Beispiel Fahrrad fahren.« »Hauptsache, ich krieg' mal einen guten Job ... wenn das nicht klappt, dann macht auch das Ausgehen keinen Spaß.« »Ich will das Leben genießen und nicht jeden Euro zweimal herumdrehen.« »Jeder muss für sich selbst schauen.«

In den mittleren Jahren verschieben sich die Prioritäten: »Ich möchte in der Gesellschaft etwas verändern.« »Mich langweilen Partys mit Smalltalk. Ich möchte viel lieber mit anderen etwas zusammen tun.« »Was mir Sinn gibt, ist Erfüllung in meiner Arbeit.« »Meine Familie ist mir sehr wichtig, aber auch meine Freunde.« »Ich möchte immer weiter lernen, mich immer weiterentwickeln.« »Ich möchte mich und andere besser annehmen lernen.« In den mittleren Jahren, die durch starke berufliche oder familiäre Belastungen gezeichnet sind, gönnen sich viele nicht genügend Muße- und Reflexionsmöglichkeiten. Hinzu kommt die unüberhörbare Botschaft »Halbzeit«, die das Lebensgefühl tiefgreifend verändert. Die mittleren Jahre sind anfällig für die bekannten Aufbruchsymptome: Berufswechsel, Partner verlassen, Auto verkaufen, Putzfrau entlassen, Tür zuschlagen und wegrennen. Bewusst oder unbewusst wird Bilanz gezogen, Inventur gemacht oder in den Spiegel geschaut: »Ich habe all das erreicht, was ich mir gewünscht hatte.« Dennoch steht die Frage im Raum: Ist das Gewünschte auch heute noch das Richtige für mich? Vielleicht geht es nicht nur um Bestandsaufnahme, sondern auch um eine Überprüfung innerer Werte – um Besinnung. Bei den einen vollzieht sich dieser Prozess allmählich, bei den anderen eher wie eine Erschütterung mit Nachbeben. Alte Identitäten, Prioritäten, Rollen müssen aufgegeben werden, damit sich neuer Sinn freisetzen kann. Oft wird man gezwungen, sich vom Vertrauten zu lösen. Solche Erschütterungen lassen keine Wahl. Wegschauen nützt nichts mehr, denn diese Krise führt direkt ins Zentrum: Wie finde ich meine eigene Stimme? Meine eigene Lebensmelodie?

Viele empfinden deshalb das frühe Alter als angenehmste Phase ihres Lebens, weil nun endlich bisher vernachlässigte geistige und emotionale Interessen und Fähigkeiten gepflegt und entfaltet werden können. Noch ist es möglich, sein Selbst zu erweitern, Prägnanz, Souveränität, Weisheit und Kreativität zu entwickeln. Deswegen sprechen auch viele vom Noch-Glück. Die Illusion körperlicher Unversehrtheit löst sich auf, das Wissen um Krankheit, Schmerzen und körperliche Begrenzungen rückt näher und stellt die Sicherheit im existentiellen Sinn in Frage.

Im höheren Alter wird es immer schwieriger, neue Sinnorientierungen aufzubauen, weil man weiß, dass die Zeit begrenzt ist, Neuanfänge zu wagen, neue Ziele anzustreben, neue Gewohnheiten einzuüben oder Neuland zu entdecken. Die Tage der Schaffenslust sind gezählt, jetzt zählt »Carpe diem«. Der Blick in die Zukunft verengt sich. Wie wird es sein, wenn nur noch wenig geht? »Ich fahre langsamer, ich esse langsamer, ich sehe schlechter, aber ich wehre mich gegen das Dumme, da nehme ich kein Blatt mehr vor den Mund. Noch schmeckt mir alles, noch rieche ich; aber nichts ist mehr selbstverständlich.« So die Beschreibung eines 84-Jährigen, der auf die Frage, was Glück für ihn bedeute, antwortete: »Glück – das ist immer der Augenblick – jetzt.«

Das Alter ist das Wegstück einer neuen Wahrnehmung. Vielleicht ist die nachlassende Funktionstüchtigkeit der Sinne eine Art Rückzug, der dazu dient, den Geist von den Belangen der weiteren Umwelt freizumachen und einen Raum zu schaffen für das Auftauchen anderer Bilder, neuer Intensitäten und überraschender Geistesblitze. Auch wenn wir es mehr ahnen als wissen, so hat die Wahrnehmung im Alter ihren eigenen Glanz. Vergleicht man sie mit dem Verkümmern eines Muskels, so weiß man, dass sich der Antagonist stärker ausprägt. Verliert man das Augenlicht, hört man besser, verliert man das Hörvermögen, sieht man schärfer. Auch wenn der Raum kleiner wird, das körperliche Selbst und die private noch zugängliche Welt stärker in den Vordergrund treten, fügen sich all das Erlebte, die Zerbrechlichkeit der Existenz, die Vergänglichkeit aller Dinge zu einer weiten inneren Landschaft, die nicht mehr von Kämpfen der Macht, des Siegens, der Selbstbestätigung durchzogen ist, sondern dem Leben eine neue Dimension hinzufügt. Der persönliche Sinn intensiviert sich: »Nur noch das Wichtige wichtig nehmen«, »im Inneren Ordnung schaffen«, »für alles dankbar sein«, »anders als früher genießen«, »nicht mehr vom Haben-Wollen getrieben sein«. Er ist mehr auf Versöhnlichkeit und Durchlässigkeit angelegt. Der Theologe Fulbert Steffensky drückt es prägnant aus: »Die Last der Welt liegt nicht auf unseren Schultern. Wir können in Freiheit Fragment sein. Das gibt unserem Leben Spiel, dass wir selbst nicht alles sein müssen.« Wer nichts mehr für sich selbst erwartet und beweisen muss, erhält viel: Sinn, der dem gegeben wird, der ihn nicht mehr einfordert.

Diese Gedanken legen die Antwort nahe, weshalb so viele Ältere trotz der Augenfälligkeit zunehmender Beeinträchtigungen zufrieden sind. Die neue innere Sinnlandschaft, die Wahrnehmung, die mehr vom Hunger nach Frieden gespeist ist; sie ebnet den Weg zur Zustimmung und Versöhnlichkeit. Es ist so und nicht anders. Lebenserfahrung heilt von zu strengen Anforderungen an sich selbst. Man ist nicht mehr allverantwortlich und darf sich aus dem Schraubstock der Zuständigkeiten entlassen.

Tatsächlich setzen im Alter Prozesse ein, die zur Relativierung und Herabsetzung von Maßstäben der Selbstbeurteilung sowie von Lebensansprüchen führen. Die persönlichen Sinnprioritäten verschieben sich; Familie, Gesundheit und Zufriedenheit werden wichtiger; der persönliche Ehrgeiz und die Lust zu erobern schwinden; das Getriebensein wird seltener, weil der Blick nun eher zurückgeht, auf das, was man erschafft und erbaut hat. Man muss nicht mehr im Rennen sein. Jetzt gilt es, jeden Moment auszuschöpfen, solange es noch möglich ist. Das Zusammensein mit der Familie und den Freunden wird wichtiger als oberflächliches Sehen und Gesehenwerden. Man begreift, was Endlichkeit bedeutet. Die Zeit des NOCH beginnt. Noch lebe ich, noch habe ich Energie und Kraft, noch sind nicht alle Türen zu, noch gibt es Glück. Aber wie lange noch? Es ist nicht mehr selbstverständlich, dass alles so weitergeht wie bisher. Man weiß, dass die Zeit einen dorthin trägt, wo aus diesem »Noch-Glück« ein »Nie mehr« werden wird. Um diese Gedanken und Erfahrungen auszuhalten, entwickeln ältere Menschen selbst- und selbstwertdienliche Haltungen und Einstellungen, die ihnen helfen, die Entmutigung zu besiegen, die Realität zu akzeptieren, sie zu mildern, oder ihr etwas entgegenzusetzen.

Wenn ich die Äußerungen älterer Menschen aus meiner Praxis zusammenfasse, so geht es im Kern immer um die Wahrung eines selbstwertdienlichen Selbstbildes – letztlich um die eigene Würde. Hier einige Beispiele: »Ich bin stolz, dass ich noch so viel jünger, fitter und unternehmungslustiger bin als die anderen.« »Immerhin gehe ich jeden Tag schwimmen, lese noch viel und kann meinen Garten noch in Ordnung halten.« »Eigentlich bin ich noch ganz gesund.« »Wenn ich mich vergleiche, dann geht's mir viel besser.« »Es könnte mit meinen Augen noch viel schlechter sein.« »Jedenfalls falle ich meinen Kindern nicht zur Last.« »Mich wird keiner klagen hören.«

Es gibt kaum eine Wegstrecke, die mehr Mut zur Hoffnung braucht als das Alter. Die Anstrengung, sich trotz aller Beeinträchtigungen dennoch dem Hoffnungsvollen zu öffnen, braucht nicht nur Wissen um die Kostbarkeit der Lebenszeit. Sie braucht auch Versöhnlichkeit mit sich selbst, mit den anderen und mit dem eigenen Lebensweg. Versöhnlichkeit ist ein Geschenk, das in uns darauf wartet, geöffnet zu werden. Der Hunger nach Frieden und Ruhe, der im Alter wächst, macht den Weg frei, der zur Versöhnung führt. Aber man braucht auch die anderen, die einem ihre Hände reichen. Deswegen halte ich den Trost für eine der wichtigsten Sinningredienzien. Je älter Menschen werden, desto mehr benötigen sie Trost für all die erlittenen, unausweichlichen Verletzungen, Verluste, Abschiede und die damit verbundenen Sinnlosigkeitsgefühle. Trost hilft, eine andere Dimension der Versöhnlichkeit zu entdecken, die über den Anspruch auf Gerechtigkeit hinausgeht. Im erfahrenen Trost zeigt sich ein Geschenk der Gegenwart, ein Ausdruck der Liebe, der die alte Seele wärmt. Im Alter braucht man viele Hände, die einen halten.

Sinn ist Glück

Glück ist nahe am Lebenssinn, denn was wäre Lebenssinn ohne Glück? In der Tat, bei der Suche nach Sinn geht es immer auch um das Glück. Einer der Hauptgründe, nach Sinn zu suchen, ist letztlich die Sehnsucht nach Glück. Der Wunsch, lebendig zu sein und das Lebendige zu lieben, ist es, der uns bis zum letzten Atemzug begleitet. Erfreulicherweise sind wir von der Evolution her so geschaffen, dass wir auch schwere Sinnkrisen, Verluste und Einschränkungen seelisch überleben können. Die Suche nach Glück ist nicht ausrottbar, trotz Leid, Depression und Anfechtung und trotz der Erkenntnis, dass die Suche nach Glück eine der Hauptquellen für Unglück ist. Dennoch rangiert das Glück bei den meisten als oberstes Lebensziel. Vielleicht gelingt es uns durch unser Bewusstsein, und die Gabe, es einzuladen und zu reflektieren, ihm noch einige Quäntchen »Honig« mehr abzugewinnen. Menschen sind zutiefst Glückssucher und schließlich ist das Glück auch das Wertvollste, was wir miteinander teilen: Nähe, Liebe, Zuwendung, Verständnis.

Glück stimuliert das Selbstgefühl und bringt die Menschen zu sich selbst zurück. Wenn wir glücklich sind,

»können wir wollen«, sagt der Zukunftsforscher Matthias Horx, denn dann erleben wir das Ineinander des Denkens, Fühlens und Wollens in einem einzigartigen Fließen. Und das führt zur Selbstüberschreitung und Selbsterweiterung, ohne die Sinn sich nicht einstellt. Glück kann nicht verfolgt werden, es erfolgt. Das ist längst zum geflügelten Wort geworden. Es bezeichnet treffend das Flüchtige, Unaussprechliche, Nicht-Machbare, Grenzüberschreitende des Glücks, das als Nebeneffekt der Hingabe eintritt an etwas, das größer ist als wir selbst. Das unterscheidet das sinnstiftende Glück vom euphorischen »Gut-drauf-Sein«, wenn man »einen drauf macht«, das so merkwürdig folgenlos bleibt.

Wirklich substanzielles Glück kann nur blühen auf dem Morast der Leiden, Niederlagen, Enttäuschungen, die dem Lebensganzen auch innewohnen. Das Tragische, das Erlittene, das Nicht-Gelungene, der Tod sind die Zwillingsschwestern des Glücks, der Gesundheit und des Lebenssinns. Sich nur eines davon auszusuchen ist nicht möglich und nicht wünschenswert. Es gilt, alles zu nehmen. Denn die Tatsache, dass das Leben auch weh tut, dieser dunkle Horizont ist es, der den entscheidenden Unterschied macht, zu all dem, was so an Glückssurrogaten angeboten wird. Diejenigen, die ganz eigensinnig beginnen, an das zu glauben, was sie mit eigenen Augen entdecken, was die Stille ihnen offenbart, was ihr eigener Körper ihnen mitteilen will, was die Musik ausdrückt, was ein herzenswarmer Blick spricht, auf sie warten Sinneserfahrungen, die im Laufe der Zeit zu einem Glückshort werden, der auch in der Rückbesinnung tiefen Sinn macht. Wer kennt nicht ähnliche Sätze wie: »Damals, als der Wind um mein Haus pfiff und ich diesen köstlichen Tee trank, als der Orgelklang im Dom mein Herz berührte, als mir ein Kuchen glückte – da war ich ganz bei mir selbst«?

Warum nicht, statt auf das große Glück zu warten, lieber das kleine unerwartete Glück aufspüren: das Spiel der Farben, Klänge und Gerüche? Selbst wenn einem der Sinn dessen, was man gerade erlebt, nicht gleich einleuchtet, wird er später ganz unerwartet aufleuchten, wenn wir ihm mit unserem Gespür ein Nest bereiten.

Glück – ob Liebesglück, stilles Glück, Naturglück, Schicksalsglück – ist die Erfahrung des unerwarteten Guten, das das Leben freigibt. Allerdings ist es nicht so leicht zu haben, wie das manche Internet-Angebote weismachen wollen. Wir sind mitbeteiligt. Wir können ihm den Weg bahnen, oder ihm den Weg verstellen, ihm aus dem Weg gehen oder im Weg stehen. Was Glück verhindert, lässt sich einfach sagen: wenn wir es allzu angestrengt, krampfhaft, planmäßig herbeiführen wollen. Was Glück einlädt, ist genau das Gegenteil: aufspüren, empfinden, ertasten, erfühlen. Diese Fähigkeiten sind uns von Anbeginn in die Wiege gelegt und bedürfen unserer Pflege und Sorgfalt. Es gibt ein paar Markierungen, die hilfreich sein können:

Einfachheit. Zu viel des Guten ist ein »Glückskiller«. Zu viele Zeitungsausschnitte, zu viele Kleider, zu viele Essensreste, zu viele Leute, die man anrufen oder einladen sollte, besetzen den Lebensraum und die eigene Lebenszeit. Wenn ich klar darüber nachdenke, was ich brauche und will, kann ich auch ausscheiden und Überflüssiges entsorgen. Wenn ich hingegen nicht weiß, woraufhin ich lebe, muss ich natürlich gerüstet sein für alle Eventualitäten. Es ist befreiend und sinnvoll, wenn wir uns eingestehen: »Genug ist genug. Das war einmal. Dafür habe ich jetzt keinen Platz mehr.« Einfachheit hat eine reinigende Wirkung. Gibt es ein schöneres Beispiel dafür als das

Hochgefühl beim ersten Glas Quellwasser nach einer Wanderung?

Wechselseitigkeit. Glück stellt sich ein, wenn wir bedenken, wie man anderen Glück schenkt. Das beinhaltet Einfühlung, Zuwendung und Gegenseitigkeit – alles Tugenden, die man entwickeln kann. Bei allem, was wir anderen schenken, geben wir uns selbst. Das Gute daran ist, dass Geben unseren Glauben stärkt, dass es Sinn macht, etwas wegzugeben. Einfach gesagt: Anderen Gutes tun, zieht Glück an.

Gespür. Damit ist das Gespür gemeint, das die sogenannten Glückskinder reichlich besitzen. Vermutlich haben sie einfach mehr Sinn für das kleine, alltägliche Glück: das ofenwarme selbst gebackene Brot, die Hand, die einem den Wein einschenkt, das frisch bezogene Bett, das rührende Lied im Radio, das Buch, das einem das Gemüt erwärmt, die zugelaufene Katze, das verschwörerische Lächeln eines Freundes. Das sind die kleinen täglichen Wunder, die in Hülle und Fülle auf den warten, der sie zu würdigen weiß. Und selbst das Schlechte kann noch sein Gutes haben, und wenn es nur das Glück ist, das in dem Satz liegt: »Auch das geht vorüber.«

Was verbindet diese drei Markierungen? Mit wachsender Lebenserfahrung lernen wir, was unsere Seele nährt. Die immer kostbarer werdende Zeit hilft uns, bewusst und aktiv zu suchen, was uns persönlich Sinn schenkt. Einfachheit, Wechselseitigkeit und Gespür ermöglichen das, was das Leben sinn-voll macht: nämlich Hingabe. Sowohl Abraham Maslow, ein Pionier der Erforschung seelischer Gesundheit, als auch Viktor E. Frankl, beide entdeckten, dass seelisch gesunde Menschen auch immer engagierte Menschen sind, die sich für ein Projekt oder eine Idee einsetzen und zur Verfügung stellen. Für Frankl war das Engagement für Natur, Kunst, Gerechtigkeit und Religion existentiell wichtig. Er meinte, wenn Menschen nur sich selbst sehen, sich nur an sich orientieren, statt sich hinzugeben und zu vergessen, ist ihre Wahrnehmungsfähigkeit gestört. Er vergleicht dies mit dem Auge, das sich selbst nicht sehen kann. Er meint damit, dass wir voll und ganz bei uns sind, wenn wir in einer Aufgabe aufgehen und unsere Energie für sinnvolle Ziele ausgeben. Wer sich in diesem Sinn aus den Augen verliert, begibt sich dorthin, wo sein wahrer Platz ist – im Herzen der anderen, im Herzen der Dinge und gleichzeitig im eigenen Inneren.

Sinn ist das Wahre

Zu werden, wer wir sind, ist bestimmt keine leichte Sache. Wohl eher ist es der verborgene Sinn eines zu erreichenden Zieles. Es macht einen Unterschied, ob man sich erträgt, erduldet und etwas *über* sich weiß, oder ob man sich wirklich kennt und leidenschaftlich lebt: Ich bin, der ich bin. Unter allen Optionen die eigene zu wählen. Sich dorthin zu wünschen, wo man ist. Sich annehmen, wie man ist – das könnte eine Zauberformel für Sinn sein.
Wer aber überall dabei ist und in alles involviert ist, hat nicht die Energie, sich selbst wahrzunehmen. Und das heißt, prägnant zu werden, kenntlich zu werden, eigene Gesichtszüge anzunehmen, der eigenen Wahrheit auf die Schliche zu kommen. Und das heißt – sich zu unterscheiden. Die Unterschiede sind es, die uns füreinander interessant und spannend machen. Wir wollen nicht lauter Kopien begegnen, sondern wir brauchen die Reibung der Verschiedenheit, des Andersseins und die Würze der Abweichungen. Nur so begreifen wir uns als das, was wir alle sind – Unikate. Die Lust auf mehr Eigensinn, das heißt weniger Anpassung, ist in Wahrheit das Eingangstor für Sinn im Denken, Fühlen und Handeln.

Die Lust auf weniger Anpassung führt nicht nur über das Handeln, sondern auch über unsere Äußerungen. Auch sie sind ein Weg, zu erfahren, wer wir sind. Sei es das Schreiben oder das Sprechen, es lohnt sich, die eigenen sprachlichen Äußerungen zu überdenken. Was sage ich? Wem sage ich was? Was lasse ich aus? Was wiederhole ich ständig? Was sind meine Lieblingsausdrücke? Sagen, was man denkt, bedeutet Unabhängigkeit. Jeder kann sich dieses Ziel stecken, auch wenn es vielleicht leichter gesagt als getan klingt. Aber es hat mit der Wiederentdeckung fast abhanden gekommener Spielräume zu tun: die eigenen Räume des Hörens, des Zuhörens, des Hinhörens. Vielleicht bekamen sie zu wenig Nahrung, weil zu viel Schweigen war, oder wurden zu wenig gepflegt, weil man aneinander vorbeiredete. Sie lassen sich wiederentdecken, zum Beispiel durch das Hinhören.

Üben kann man es an kleinen Eindrücken: der Gesang der Vögel, die Regentropfen, die auf das Dach fallen, das Rauschen der Bäume, das Klirren der Gläser, Glockengeläut. Unterwegs: Stimmen, Kinderstimmen, alte Stimmen, Gesprächssequenzen, Satzmelodien, Sprechrhythmen, modulierende Klänge und der unausgesprochene überall vernehmbare Ostinato: Hörst du mich?

Ich denke dabei an eine junge Frau, die bei allem, was sie begeisterte, »abartig« sagte. Ist das nicht eigenartig, dass jemand ein Wort aus der Psychiatrie verwendet, um seinem Hochgefühl Ausdruck zu geben? Heißt es, dass Begeisterung Verrücktsein bedeutet? Zumindest lernen wir aus unseren Äußerungen, wie sich das Unbewusste seinen Weg nach außen bahnen will, und wir erfahren, wenn wir uns zuhören, was uns wichtig, wertvoll und heilig ist, oder wo wir uns einem Entgegenkommen oder einer Verantwortlichkeit entziehen. Dabei denke ich an die vielen Einleitungsformeln »Ich schätze mal«, »Man könnte sagen«, oder die alte Teenagervariante »Keine Ahnung«, die eines gemeinsam haben: Sie weichen der Festlegung, der Selbstverpflichtung und dem Entgegenkommen aus. Passive Sprache, die den anderen allein lässt und dazu zwingt, sich selbst eine Antwort zusammenzureimen.

Nicht immer kommen wir unserem Eigensinn direkt auf die Spur, zumal Sinn oft untergründig, unbewusst, vorbewusst am Rand des Bewusstseins nistet. Dennoch ist es ein Schritt in Richtung Verantwortlichkeit, sich selbst zuzuhören, weil es ein Schritt in Richtung Besinnung bedeutet. Das kann, wie jeder weiß, sehr nützlich sein, denn ohne Besinnung – kein Sinn.

Erst mit etwas Abstand, wenn wir uns besinnen, geht uns allmählich ein Licht auf: »Das kenne ich von irgendwoher«, »Das habe ich schon mal irgendwie erlebt«, »Da war ich schon einmal.« Meistens können wir es dann auch in Worte fassen, vergleichen, unterscheiden und dadurch besser verstehen. Jeder von uns braucht, um sich selbst zu verstehen, die anderen. Aber nicht als Kontrolleure, Aufpasser oder Besserwisser, sondern als Partner für Wertschätzung, Achtung und Beistand, damit wir uns selbst nicht verloren gehen. Wenn wir einander unsere Körnchen Wahrheit zeigen und von den Körnchen der Wahrheit der anderen lernen, das ist Wahrheit als Lebenspraxis, im Gegensatz zu den Wahrheiten, die in Büchern oder Herzen verschlossen bleiben. Teilen erweitert das Gesichtsfeld. Es kommt zum Austausch, zum Aushandeln, Umkreisen, Korrigieren, Abgrenzen, auch unserer Zweifel, unseres Nichtwissens und unserer Täuschungen. Denn das ist es, was uns verbindet: Wir alle leben damit, dass wir die Wahrheit weder absolut kennen noch für uns beanspruchen können. Solch eine Haltung schützt vor totalitären Ansprüchen – nicht nur gegenüber den äußeren, auch gegenüber den inneren. Wir nehmen die anderen in unsere Sinnwelt hinein und betreten ihre Sinnwelt in einer Weise, dass wir einander bereichern, erweitern. So tragen wir, wenn es in engagierter Zugewandtheit geschieht, zu einem guten Miteinander bei, das zu einem Füreinander, zu einer Erweiterung unseres Sinnerfassungsvermögens führt.

Wenn wir die Wahrheit spüren, wenn sie uns ergreift und bis ins Mark erschüttert, verblassen ohnehin jegliche Worte. Es bleibt ein Gefühl von Sprachlosigkeit gegenüber dem Ansinnen, eine solche Erfahrung überhaupt in Worte zu fassen. Kreative Ausdrucksformen wie das Musizieren, das Malen, das Tanzen, leben von diesen Segnungen unmittelbarer Wahrheit. Wenn es gelingt, sich zu öffnen und in dieses schwebende Ineinander des Denkens, Fühlens und Wollens einzutauchen. Der Musiker Peter Bastian hat es vorzüglich beschrieben: »Man braucht kein Musiker zu sein, um zu wissen, wovon ich rede. Ich erlebe es, dass sich dieser Zustand spontan in meiner alltäglichen Wirklichkeit einstellt. Beim Abwaschen! Plötzlich geht alles wie Ballett, die Teller hören auf zu klirren, die Spülbürste zeichnet unendlich befriedigende Arabesken auf das Porzellan, wie geheime Zeichen, die ich unmittelbar verstehe.«

Sowohl die Kunst als auch der Alltag bieten reichlich Beispiele fließender Energie und Stimmigkeit, die sich wie Wahrheit anfühlen. Sämtliche Aktivitäten, die sorgfältig vorbereitet und geübt sind, Situationen, in denen wir uns ganz hingeben und ohne Reserven füreinander da sind – im Gespräch in vertrauten Beziehungen, im Bett, beim Spielen oder am Küchentisch – immer dort, wo wir uns ohne Reserven einbringen. In solchen Momenten ist Wahrheit gleichbedeutend mit Sinn, Liebe, Einklang, Schönheit – mit dem Gefühl von Vertrauen in dieses reiche Leben. Macht das nicht tiefen Sinn?

Sinn ist das Schöne

Was wir täglich an Nützlichem tun, arbeiten und erledigen ist für die meisten noch nicht genug. Wir machen immer wieder die Erfahrung, dass uns trotz allem, was wir geschafft und erreicht haben, eine Sehnsucht einholt, die jenseits bloßer Bedürftigkeit liegt. Selbst im Alltag, wenn sich die Zwänge am Wochenende lockern, beginnen wir von Erfüllungen zu träumen, auch wenn wir sie nur in kleinen Gesten zu erfüllen vermögen: im Pflücken eines Wiesenblumenstraußes, im Anlegen der geliebten Halskette, im Dekorieren des Esstisches, im Üben eines Instrumentes oder im Studium ferner Länder. Inmitten der Turbulenzen unserer elektronisch besetzten Welt gewinnt für uns die Schönheit eines Sonnenuntergangs, die Einmaligkeit einer unwiederholbaren Begegnung, die Harmonie einer ruhenden Hand, ein anrührendes Lied oder eine Blume heute wieder an Bedeutung. Das Schöne, dem die Menschen so viele sehnsüchtige Namen gegeben haben, hat auch in unserer Welt der Technik und Zahlen sein Geheimnis bewahrt. Wir spüren intuitiv, wie es uns ergreift und erhebt, wie es unsere Sinne weckt und zu diesem Erleben führt, das Menschen mit Begriffen wie »sinnhaft«, »sinnreich«, »sinnvoll«, »tiefsinnig« beschreiben. In der Schönheit erleben wir Sinn unmittelbar, weil Schönheit auf uns wirkt, oft sogar noch, bevor wir wissen, warum. Über uns selbst hinausgehoben, empfinden wir Schönheit, die in Steinen, Bäumen, Gesichtern oder am Sternenhimmel, am Meer, in den Bergen zu uns spricht. Oder Schönheit, die sich in Kunstwerken aus Holz, Metall, Stein oder Papier sammelt, Schönheit, die sich in Klängen, Tönen, Worten, Farben und Düften ausdrückt. Was wäre, wenn es plötzlich keine Musik, keine Bilder, keine Gedichte, kein Theater, keine Plastiken mehr gäbe? Eine Welt, die das Schöne verbannen würde, wäre für mich eine unmenschliche, entsinnlichte Welt.

Schönheit ist die Schwester des Sinns. Auch sie ist durchtränkt mit unseren Sehnsüchten nach Harmonie, Maß und zeitenthobener Dauer. In der Schönheit erleben wir etwas, wovon wir träumen: die Harmonie zwischen dem Ich und der Welt, zwischen Innen und Außen. Es gibt Momente, in denen wir Innen und Außen als völlig kongruent erleben, Momente, in denen die gewohnte Diskrepanz zwischen dem Ich und der Außenwelt aufgehoben erscheint: Momente absoluter Stimmigkeit. Wenn beispielsweise eine Mutter mit den Fingern ganz zärtlich das Haar ihres Kindes streichelt, oder wenn zwei Liebende einander ihre Liebe gestehen. Aber auch beim Anblick einer sich öffnenden Blüte, der im Meer verschwindenden Sonne oder eines prägnanten Gesichtes, das uns dazu verleitet, es wieder und wieder anzuschauen. Das sind die Momente, die uns daran erinnern, dass es ein Leben gibt, das auch ganz stimmig sein könnte. Momente, die aufscheinen lassen und unsere Ahnung bestätigen, dass das was ist, nicht alles ist. Momente gesteigerten Lebens, die uns versprechen, dass es das gelungene Leben gibt.

Diese Stimmigkeit, die wir im harmonischen Zusammenspiel von Farbe, Form, Gestalt, Klang und Wort erleben, kann sich auch auf uns selbst übertragen und in uns wieder dieses Gefühl von Stimmigkeit wachrufen. Ich denke dabei an eine unter Depressionen leidende Frau, die nach dem Besuch eines Vokalkonzertes des englischen Hilliard Ensembles plötzlich spüren konnte: »Diese Musik hat mich innerlich aufgeräumt. Als hätte sie einige Schichten von Schlacke über meiner Seele weggeputzt. Danach hatte ich plötzlich wieder einen Funken Hoffnung.« Nie zuvor hatte ich sie so poetisch sprechen gehört: »Ihr Gesang hat das Unendliche im Endlichen ausgedrückt«, »da war Glanz zwischen den Tönen«, »so muss es im Himmel klingen.« Schönheit wirkt so von außen nach innen. Sie verweist auf etwas Höheres, auf dieses Mehr, nach dem wir uns sehnen. Sie lässt sich nicht festlegen oder normieren, sie ist unwiderstehlich und unvergleichlich. Das Schöne, sagt Platon, weist über sich hinaus. Es hebt uns über den Augenblick hinaus. Plötzlich erleben wir, wie die oben geschilderte Frau es so treffend beschrieb, das Leben in Sinn gefügt, stimmig, geordnet. Alles tritt zusammen zu einem harmonischen, inneren Bild, das Sinn macht.

Vor diesem Hintergrund ist auch der Satz von Rilke: »Du musst dein Leben ändern« zu verstehen, den er beim Anblick der überwältigenden Schönheit einer Apollo-Statue niederschrieb. Die Macht der Schönheit erfüllt uns mit Ahnungen, Gefühlen und Versprechungen; mit einer Welt, die anders ist als die, in der wir uns bewegen. Wer sich von ihr ergreifen lässt und sich auf sie einlässt, ist ein anderer als vorher. Vielleicht ist es ein untrügliches Zeichen von Schönheit, dass sie innere Veränderung und Erweiterung auslöst, wenn wir uns für sie öffnen. Insofern ist eine schöne Ausstellung oder eine geglückte Theatervorstellung eine, die etwas in uns in Bewegung bringt, so dass wir nach einer solchen Erfahrung anders weggehen, als wir hingegangen sind. Schönheit steht im Dienst des Lebendigen, des Vorwärtsgehens. Ohne sie hätten wir Stillstand.

Jeder, der Schönheit erkennt, baut auch an ihr mit. Das Schöne ist nicht gegenwärtig, wenn wir es nicht mit unserem wertschätzenden Blick und unserer erkennenden Phantasie wahrnehmen. Die Schauspielerin Sophia Loren hat einmal gesagt: »Nicht die Schönheit entscheidet, wen wir lieben, sondern die Liebe entscheidet, wen wir schön finden.« Es gibt zwar objektiv messbare Standards, aber dennoch bleibt das, was wir schön finden, sehr subjektiv. Es ist sogar abhängig von unserer Tagesform: Je nachdem ob wir einen guten oder schlechten Tag haben, ist unser Blick großzügig oder eben eng, hart und sezierend. »Sich jemanden schön trinken«, so lautet eine Redewendung, die durchaus einen wahren Kern hat. Denn Schönheit ist in der Tat relativ, was auch tröstlich ist, denn wenn alle das gleiche Schönheitsideal hätten, wäre die Partnersuche ein Spiel, bei dem es fast nur Verlierer gäbe.

Die Schönheit der Dinge lebt in der Seele des Betrachters. Dieser Gedanke geht auf den schottischen Philosophen David Hume zurück und bedeutet letztlich, dass nur derjenige, der mit Zuneigung oder Liebe auf einen anderen schaut, dessen Schönheit wahrnehmen und hervorlocken kann. »In deinen Augen werde ich schön«, so drückt es die Dichterin Julia Kristeva aus. Wer mit Liebe angeschaut wird, fängt an zu strahlen, denn was mit Liebe betrachtet wird, ist schön. Ein arabisches Sprichwort sagt: »Das Äffchen ist in den Augen seiner Mutter eine Gazelle.«

Mir kommt immer wieder Albrecht Dürers Bildnis seiner Mutter in den Sinn, das sehr eindrücklich die Liebe zum Gesicht der Mutter mit dessen Zerfurchung durch ihr hohes Alter in Einklang bringt. Ein wunderschönes Bild, das beruhigt und befreit durch die Sorgfalt der feinen Linien, durch Ausgewogenheit, Maß und den Blick eines Sohnes, der seine Mutter mit liebenden Augen sieht.

Jeder Mensch, der mit Leib und Seele in einer Aufgabe aufgeht, wenn er in völliger Übereinstimmung mit dem Tun des Augenblicks verschmilzt, begibt sich an den Ort natürlicher Anmut und Schönheit. Elemente davon finden wir schon in der Tierwelt, im ungebrochenen Instinktverhalten von jungen Katzen oder Hunden; oder bei Kindern, die sich selbst beim Spiel völlig aus den Augen verlieren und im Spiel hier und doch außerhalb der Zeit sind. Hingabe verleiht den Augen einen besonderen Glanz, die Bewegungen werden geschmeidiger und das Gesicht wird weich und offen – egal ob man acht oder achtzig Jahre alt ist. Diese alltägliche Erfahrung von Hingabe und Einklang mit dem, was wir gerade tun – die wir alle kennen, ob wir uns dessen bewusst sind oder nicht –, gehört zu den schönsten Sinnzugängen. Das Schöne lässt sich nämlich gern dort nieder, wo die Märkte der Eitelkeiten schweigen. Zum Beispiel in Empfindungen, die uns beglücken, in Träumen, die uns berühren, in Begegnungen, die uns verzaubern und in diesen unscheinbaren Anblicken: wenn die Libellen über dem Wasser tanzen, wenn eine Fledermaus vorbeihuscht. Schönheit blüht überall dort auf, wo sie nicht verzweckt und missbraucht wird. Sie ist ebenso wenig machbar wie der Sinn. Aber in ihr liegt die Möglichkeit, Sinn zu erfahren – Schönheit hält ihn für uns bereit.

Sinn ist Liebe

Selbst im satten Leben entrinnen wir nicht der Tatsache, dass in uns ein tiefer Wunsch lebt: Wir wollen dazugehören. Allein ist man klein, so heißt es ja auch im Volksmund. Der Wunsch dazuzugehören steht ganz oben auf der Agenda des Sinns. Der Sozialpsychologe Roy Baumeister bestätigt: »Sinn ist ein Werkzeug, um dazuzugehören.«

Teil eines Liebespaares zu sein, ist sicher eine der schönsten Sinn- und Kraftquellen. Natürlich lässt sich nicht verschweigen, dass Liebende einander das Leben mitunter zur Hölle machen – zumindest verdoppelt sich die Gelegenheit zu leiden, wenn man zu zweit ist. Ein Blick auf die vielen Ehestatistiken zeigt, dass Männer emotional mehr von ihren Ehen profitieren, während Ehefrauen – mehr als alleinstehende Frauen – zu psychischen, vor allem depressiven Störungen neigen. Hollis verdanke ich die pikante Einsicht zur Ehe: »Jemanden finden, den man für eine sehr lange Zeit ärgern kann.« Da mag etwas dran sein, denn Glücksräusche verhalten sich nicht proportional zur Intelligenz und weichen mit der Zeit dem Nahkampf in der widerspenstigen Alltagsnähe.

Suchen wir womöglich genau den Partner wegen dieser spezifischen Ärgernisse? Freud sprach vom Wiederholungszwang, der uns dazu verleitet, die Geschichte unserer erlebten Beziehungen – selbst wenn sie schmerzhaft waren – zu wiederholen. Es ist eine beachtliche Leistung, Verantwortung für die eigenen dunklen Seiten zu übernehmen und weniger vom anderen zu erwarten und zu fordern. Die Relativierung des Partnertraums entlastet und macht den Blick frei für unerwünschte, aber hilfreiche Wahrheiten: Was wir an anderen hassen, ist das, was wir an uns selbst hassen. Angesichts des Unsinns, den wir selbst produzieren, fällt die Verurteilung anderer schwer. Vielleicht hilft diese Einsicht, den Änderungswahn zu relativieren, in den so viele Partnerschaften verfallen. Einen anderen lieben, heißt, sich selbst verändern zu wollen. Dann kann das, was der Zufall oder die Notwendigkeit zusammengeführt haben, zur Erfahrung werden, wenn jeder bereit ist, sich selbst zu wandeln.

Mit jemandem zusammen zu sein, den man liebt, ist eines der vitalen, schönsten Sinnelixiere. Wem das nicht gegeben ist, dem bleiben immerhin Kontakte, Begegnungen mit anderen, andere Gesichter, andere Geschichten, andere Gerüche – einfach, um sich selbst nicht verloren zu gehen. Man muss sie ja nicht lieben. Aber man braucht »Fellpflege«, Berührung, Blicke. Man könnte naiv fragen: Warum genügt die Arbeit nicht, warum sind die anderen so wichtig für uns? Weil sie uns menschlich machen und menschlich halten. Jede Begegnung – ob Nachbarn, Kinder, Fremde, Kollegen oder Geliebte.

Es müssen nicht viele sein, und es müssen auch nicht ständig neue sein. Ob nun zehn oder hundert Namen mit Telefonnummern im Adressbuch stehen, darauf kommt es nicht an. Letzteres ist ohnehin anstrengend, weil das Leben nicht als Party gedacht ist, auf der man sich ständig neu präsentieren muss. Sinnvoller und nährender ist ein Mehr an Tiefe und die Zuverlässigkeit von vertrauten Beziehungen. Vielleicht genügt es, den Menschen, denen man nahe steht, einfach mehr Aufmerksamkeit und Beachtung zu schenken, dankbar zu sein für die strahlenden Augen und die tröstenden Gedanken eines Nächsten, das Schnurren der Katze auf dem Sofa oder das vertraute Geräusch eines Nachbarn, der gerade seinen Kaffee kocht.

Jede Beziehung, der sich jemand widmet, überschreitet, ob er es weiß oder nicht, die Grenzen seines persönlichen Sinns. Gelebte, geschaffene, gewählte Beziehungen, wie bescheiden sie auch aussehen mögen, betreffen nie nur uns selbst. Sie stehen in Verbindung mit der ganzen Wirklichkeit. Das bewusste Wahrnehmen dieser gegenseitigen Abhängigkeit zwischen Mikro- und Makrokosmos, auf der letztlich jede Gesellschaft gegründet ist, wäre ein wesentlicher Schritt heraus aus dem Un-Sinn und der Gleichgültigkeit, die so viele beklagen. In den archaischen Kulturen gab es diese Korrespondenz zwischen Mensch und Universum: das Bewusstsein, dass jede Begegnung sinntragend war. Für uns mag das überholt klingen, dennoch lebt in uns diese Sehnsucht weiter, ohne dass wir uns dessen bewusst sind. Selbst in der prosaischen Alltagswirklichkeit: wenn wir einander grüßen, »Wie geht's?« fragen, Feste feiern, Kranke besuchen, Gesundheit wünschen, einander trösten, streicheln und umarmen.

Mehr vom Nährenden, mehr vom Hinschauen, mehr vom Berühren, mehr vom Vertrauen – also genau das, was die Medien nicht liefern, ist es, was wir benötigen. So wie ein Kind ein ganzes Dorf braucht, um zu gedeihen, brauchen die Erwachsenen viele Augen, viele Ohren, viele Hände. Selbst wenn wir verliebt sind und uns alle anderen, außer dem einen magischen Wesen, blass und langweilig erscheinen, lohnt es sich dennoch, die vertrauten »Schwarzbrot-Freunde« weiter zu genießen. Wache Augen für den Liebeskummer eines Freundes haben, sich an Namenstage, Geburtstage oder Gedenktage erinnern, zupacken, wenn Not am Mann ist, spontan an die Türe klopfen bei den Schüchternen, und die aufmuntern, die es am nötigsten haben. Manchmal wird die Welt nur durch eine winzige Geste zu einem freundlichen Ort für jemanden. Manchmal rettet ein einziger Satz. Oder ein Blick.

Wir laden Sinn ein, wenn wir uns öffnen für die vielen Wege, die die Liebe kennt. Vielleicht wurde uns beigebracht, dass der einzige Sinn oder das Ziel von Liebe ein respektabler, aufgeräumter Haushalt sein sollte. Aber Liebe kommt in vielen Gewändern und Gestalten. Eine zugelaufene Katze, ein schwer kranker Kollege, ein trauernder Nachbar, ein weinendes Kind, eine Enkelin, die Erholung von den Eltern braucht, ein Freund, der sich gerade getrennt hat, ein Bruder, der Unterschlupf braucht.

Liebe ist nicht immer da, wenn wir sie brauchen, und wenn wir sie schenken sollten. Sie lässt sich nicht herbeizitieren oder willentlich abrufen. Aber wir können unsere Türen und Herzen offen lassen. Offen bleiben für das Ungeplante, Unerwartete, Ungewöhnliche, Sensible, Seltene, Seltsame. Liebe ist nicht bequem und manchmal auch irritierend, aber sie formt unser Leben zu überraschenden, eigenwilligen Mustern und Landschaften, die uns nahe an den Sinn unseres Lebens bringen.

Spielerisch Sinn erfahren

Für manche ist es das Wort, die Malerei oder die Musik, die ihnen das Vertrauen gibt, dass sie nicht allein sind, dass es Sinn gibt, auch in sinnarmen Zeiten. Selbst wenn ihnen der Sinn dessen, was sie in kargen Zeiten durchleiden, entgeht, so gibt es für sie dieses Aufgehobensein in diesem eigensinnigen Raum zwischen Innen und Außen, in dem sich Realität und Phantasie, Wirklichkeit und Illusion miteinander verbinden. Ein Zwischenraum, den jeder auf die eine oder andere Art schon einmal kennengelernt hat. Nicht nur zu besonderen Zeiten, auch im Alltag finden wir ihn, wenn wir beispielsweise beim Waldlauf tagträumen, die Musik fallender Regentropfen hören, eine Sandburg bauen, ein Klavierkonzert hören, die Stille einer Kirche in uns aufnehmen oder ein Glas Rotwein genießen. Haben wir nicht alle schon einmal die Feststellung gemacht, dass uns solche Erfahrungen das Vertrauen in das Rettende wieder schenken, wie jene kleinen Zettel, die wir einander zuschieben, um uns gegenseitig mit Worten wie: »Mach's gut!«, »Es wird alles gut!«, »Ich denk an Dich!«, oder »Ich bete für Dich!« zu ermutigen und zu ermuntern? Ähnlich wie früher, wenn wir uns heimlich Zettel unter der Schulbank zuschoben?

Was ist eigentlich dieses Zaubermittel dieses Zwischenraumes, der uns so wohltuend bewegt, stärkt und uns wieder vertrauen lässt, dass es Sinn gibt? Am sinnreichsten lässt sich das am Beispiel der Musik beantworten. Musik ist in der Lage, etwas in uns zu öffnen und in Schwingungen zu versetzen, das sonst unberührt geblieben wäre. Wie kaum ein anderes Medium berührt Musik unser Herz. Sie spricht unsere Emotionen unmittelbar an, ohne Heilsversprechen und Manipulation, weil sie in ihrem Kern zweckfrei und in sich selbst genug ist. Vielleicht ist es sogar gerade das ganz Andere, Unberechenbare, Nutzlose, das ihren Sinn ausmacht. Musik ist für uns da wie die Sonne, der Mond, die Sterne, die Bäume und der Wind. Sie bewegt uns und unsere Sinne, weil sie in sich Sinn ist.

Insofern sind wir alle Musiker. Selbst diejenigen, die sagen: »Musik sagt mir nichts.« Sie unterliegen höchstens dem Irrtum, zu meinen, Musik sei konkrete Mitteilung. Je intellektueller wir ausgerichtet sind, desto mehr brauchen wir sie. Nicht als Ausgleich oder Gefühlsduselei, sondern überhaupt, um das Hören zu lernen. Und weil Musik das Herz weicher macht. Es ist eine einzigartige Gabe, die die Musik bereithält, weil sie Bewegung ist und uns bewegt, aus der Verhärtung löst, weich macht und damit wärmer, sinnlicher. Musik sensibilisiert uns dafür, wie wir sein könnten, weil wir noch nicht so sind, wie sie es verspricht. Sie gibt jedoch hörbare Zuversicht, dass wir einmal so sein werden. Nicht aus Optimismus oder Ignoranz, sondern weil sie unsere Hoffnungssuche auf Sinn wachhält.

Ob beim gemeinsamen Singen, beim Orchesterspiel, der Jazzformation, der Rockband oder der Improvisationsgruppe: Wenn wirklich geübt und nicht nur das schnelle Glück des Auftritts gesucht wird, erleben Menschen sich als gemeinsam Lernende unter etwas Größerem vereinigt und in einen größeren Sinnzusammenhang eingebunden und in ihm aufgehoben. Solche Augenblicke geben uns eine Ahnung davon, was Sinnerfahrung konkret sein könnte. Was es heißt, ein spielerisches Terrain zu haben, auf dem Verschiedenheiten und Eigenheiten ihren Raum haben dürfen, auf dem individuelle Schwächen gemeinsam getragen und persönliche Stärken für die Gemeinschaft fruchtbar gemacht werden, und auf dem nebenbei etwas entsteht, was tiefen Sinn macht: Freude.

Musik ist die eigentliche Muttersprache des Sinns. Musik kann unsere Nöte, unsere Ängste forttanzen und fortsingen. Musik ist der »Ruf ins Entbehrte«, wie Ernst Bloch sagte. Und sie ist ein Ausgriff in die Fülle. Was noch nicht da ist und wonach wir uns sehnen, können wir herbeisingen und herbeispielen. Auch wenn sich nur Mund und Hände bewegen und unser Herz noch nicht beteiligt ist, so ist das ein Weg, sich von außen nach innen aufzumachen, sein Herz zu öffnen. Manchmal schleifen unsere spielenden Hände, unser singender Mund unser Herz hinterher. »Wohlauf mein Herz und singe«, heißt es. Manchmal ist es zuerst der Mund, der singt, bis die Seele nachkommt. Man denke an die folgende Indianergeschichte: Auf einer Wanderung legt sich ein Indianer nach jeder Etappe auf den Boden und lässt sich nicht zum Aufstehen bewegen. Er müsse warten, bis seine Seele nachkommt, ist seine Antwort. Auch wir müssen warten, bis unsere Seele nachkommt. Deswegen brauchen wir unseren Mund und unsere Hände, die vorangehen und das herbeisingen oder spielen, was sich unser Herz erträumt und wonach es sich sehnt.

Musik ist die Brücke zwischen Hier und Dort. Anders als die Malerei bringt sie uns unmittelbar in Verbindung mit dem, was uns überschreitet. Wir brauchen sie, weil sie uns ermöglicht, uns ganz einfach einmal fallen zu lassen, wie in die Arme eines geliebten Menschen. Hier findet man Aufgehobensein statt Verlassenheit und Einsamkeit mit sich selbst. Denken Sie als Beispiel dafür an J. S. Bachs berühmte Kantate »Ich hatte viel Bekümmernis«, in der beides zu finden ist: Die Not, die Bach angesichts seiner vielen Verluste erlitt, und die Tröstung, die in den Worten »Deine Erquickungen trösten meine Seele« zum Ausdruck kommt.

Ich erzähle die Geschichte von einem Freund, der einen schweren Unfall überlebt hat. Ihm seien alle Inspirationen für seine Arbeit während des Gehens bei erzwungenen Fußwanderungen gekommen, sagte er. Seit seinem Unfall könne er es nur schwer im Sitzen aushalten. Besser gesagt: Es hält ihn nichts mehr an seinem Platz; sein Gehen hat ihn an neue Orte geführt – weiter, als er je gehofft hat. Er ist in der Lage zu hören, was die Stille auf seinen Fußwegen ihm sagt, was die Steine zu ihm sprechen, und er hört innere Melodien. Er summt vor sich hin und findet so seine eigene Stimme, die ihn mit dem lebenswichtigen Atem verbindet. Aus jedem seiner Sinne sind neue Triebe gesprossen. Er hat sich auf eine neue Art der Welt geöffnet. Für mich kristallisiert sich eine Erfahrung heraus, die ich aus seinen Worten lese: Keiner der Sinne, mit denen wir die Welt erfahren und beeinflussen können, wird abgestumpft oder abgeschwächt, ohne nicht Raum für andere Sinne oder andere Wahrnehmungen zu schaffen.

Musik ist Hinweis auf andere Räume, auf das Überschreitende, das Versprechen der Ganzheit. Wir können singen und uns ausdrücken, ohne in Lösungs- oder Sinnzwänge zu verfallen. Auch die verzweifelte Anklage, der ohnmächtige Hilfeschrei, setzt noch voraus, dass es Gehör gibt, dass wir nicht allein sind, dass es Vertrauen gibt. Wir erhalten Resonanz, wenn wir singen, allein schon dadurch, dass wir dabei eine Botschaft über uns selbst, an uns selbst und an die anderen geben.

Denken wir an die tiefe emotionale Wirkung, die von den Interpretationen der Sängerin Maria Callas ausging, so erübrigt sich der Disput über diese oder jene Bedeutung der Musik. Sie hat nicht nur Rollen gesungen, sondern auf der Rasierklinge gelebt, so beschrieb es Ingeborg Bachmann. Musik ist Offenbarung gelebten inneren Lebens. Man könnte sogar sagen, dass sie die Natur unserer Gefühle in einer Weise offenbart, der die Sprache nicht nahekommt. Wir kommen mit der Musik in größere Räume, egal ob wir singen, spielen oder hören. Wir sind nicht mehr allein. Eine andere Art von Hinhören, von Dahinterhören und Dazugehören entsteht. Wir werden durchlässiger. Dies nimmt der Verzweiflung über die eigene Machtlosigkeit ihre Spitze. In der Musik weiß ich, dass ich nicht mein eigener Sinngeber und Retter sein muss. Ich kann das, was noch nicht da ist, herbeisingen, und das, was schon da ist, in seiner Schönheit loben und wertschätzen. Und das gibt meinem Leben Spiel und Leichtigkeit. Der Schraubstock des Überwältigtseins durch eigene Fehler, durch die blinde Ungerechtigkeit des Schicksals, die Sinnlosigkeit oder die verlorene Liebesmüh lockert sich um zwei Drehungen. Nicht nur nach außen, auch nach innen hin lässt der Druck nach. Vielleicht ist das die große Kunst, die wir der Musik verdanken: Wir müssen das Leben nicht im Griff haben, wir müssen nicht ständig im Rennen sein, wir müssen nicht Richter oder Zeigefingerheber für uns selbst sein. Wir dürfen ein Instrument sein im großen Orchester, wir müssen nicht das Orchester sein. Wir dürfen unsere eigene Melodie spielen, wie es Isaac Stern in dem Film »Von Mao zu Mozart« zu einer jungen virtuosen Geigerin sagte. Wir sollen also kein besseres, höheres oder schnelleres Lied spielen als die anderen, sondern eines, das das ureigene ist, das den eigenen Sinn ausdrückt. Ein schlichtes Lied, das im Kern lautet: Ich bin, wer ich bin. Nicht mehr und nicht weniger.

Sternstunden des Sinns

Jeder hat sie schon erlebt, die Sternstunden der Sinnhaftigkeit, die wir oft erst im Nachhinein erkennen, wenn wir sagen: »Das hat tiefen Sinn gemacht!« Es müssen nicht atemberaubende Liebesnächte, aufrüttelnde Begegnungen, überraschende Glücksfälle oder umwälzende Neuanfänge sein. Oft kommen sie unspektakulär daher, wenn wir ein Kind beobachten, wie es selbstvergessen spielt; wenn wir die Spuren eines gemütlichen Abendessens wegräumen und uns voller Dankbarkeit nochmals rückbesinnen; oder wenn wir morgens vor das Haus treten, dem Gesang einer Lerche lauschen und empfinden: »Sie singt für mich!« Ich denke an eine anstrengende Zugreise zurück, als plötzlich ein Kind aus der Reihe vor mir sich über die Sitzlehne beugte und anfing, mit mir »Verstecken« zu spielen. Es begann harmlos: Hände vors Gesicht, Hände weg vom Gesicht und immer wieder das erlösende Kichern: »Ich hab' dich!« Im Nu war meine Müdigkeit verschwunden. Es gab nur noch den kleinen Rausch unseres Spiels und die aufatmende Dankbarkeit, dass der Zufall mir ein Stück Sinn hergeweht hatte. Wir beide hatten einen magischen Moment des

Sinns geteilt. Eine Erfahrung, die ich so intensiv wahrnahm, weil sie sinnvoll war.

Eine ähnliche Erfahrung beschreibt eine Gynäkologin: »Jahrelang habe ich Frauen bei Geburten begleitet. Ich empfand keine Geburt als Routine, immer hatte ich dieses Gefühl, ich bin in ein Wunder involviert. Aber als ich selbst zum ersten Mal Mutter wurde, war alles ganz anders. Dabei sein ist eine Sache, aber selbst ein Kind zur Welt zu bringen, das heißt wirklich am eigenen Leib zu spüren, was Leben ist. Nie im Leben war ich so tief berührt, nie spürte ich so leibhaftig, dass mein Leben einen tiefen Sinn macht.«

Nicht nur die Sternstunden holen Sinn nach vorn, auch der Alltag ruft uns oft mit Fragen: Welchen Sinn macht meine Arbeit? Was soll ich hier? Wofür soll ich mich anstrengen? Luxus? Gut essen? Gut trinken? Gute Gesellschaft? Beruflicher Einsatz? Genügt das? Wahrscheinlich würden die meisten mit Nein antworten. Weil wir spüren, je mehr wir von Versprechen umgeben sind, die unsere Sehnsüchte auf der materiellen Ebene stillen sollen, desto unruhiger meldet sich die Frage: Wofür das alles? Wenn wir uns in den vielen kleinen Dingen verlieren und uns von ihnen besetzen lassen, so Sloterdijk, dann sind die Hände nicht frei für die großen Dinge. Es geht um mehr.

Vielleicht lässt dieses »Mehr« sich vergleichen mit einem Schwimmer. Wer schwimmt, ohne ein Ziel oder eine Richtung einzuschlagen, verliert nicht nur die Orientierung, sondern auch die Kraft und die Entschlossenheit, weiterzuschwimmen. Solange er seinen Blick auf eine Markierung, einen Horizont heften kann, macht das Schwimmen einen Sinn und der zurückgelegte und vor ihm liegende Weg lohnen sich. Allein eine Richtung zu haben, macht den Weg sinnvoll, selbst wenn er anstrengend ist und ziemlich kurvig verläuft. Die Orientierung gibt dem Blick eine Ausrichtung. Vielleicht dauert es lange, bis man ankommt, aber je weiter man kommt, desto deutlicher, näher rückt das Ziel. Was vielleicht anfänglich wie ein ferner Punkt erschien, wird zu einem großen Bild.

Wie dieser Schwimmer halten auch wir es schlicht nicht aus, Einsatz zu bringen, ohne den Sinn zu erkennen. Wir wollen unsere Pläne und Wünsche einem größeren Zusammenhang zuordnen, anders halten wir das Widrige, das Unbequeme, Schmerzliche nicht aus. Wir empfinden nur Sinn, wenn wir Zusammenhänge sehen, meint Schmid. Das zähe Festhalten an diesem Wunsch zeigt sich besonders, wenn unsere Pläne durchkreuzt werden. Auch das Schmerzliche, Misslungene soll einen, wenn auch verborgenen, Sinn haben, weil wir nach Zusammenhängen suchen, die beruhigen und Motivation liefern. Nur wer ein Ziel erkennen kann, hat einen Grund sich einzusetzen. Ob das die Schule, die Universität, die Firma oder das Geschäft ist: Je nachdem wie diese Institutionen diese Fragen beantworten, fällt das Engagement der Beteiligten aus. Wenn ein System dauerhaft Antworten schuldig bleibt, verweigern ihm die Menschen ihre Einsatzbereitschaft. Dazu die bekannte Geschichte von den drei Steinhauern, die man fragt, was sie gerade tun. Der Erste gibt Auskunft: »Ich haue Steine.« Der Zweite antwortet: »Ich arbeite an einer Säule.« Der Dritte begeistert: »Ich baue mit an unserem Dom!« An diesem Beispiel wird deutlich, wie wichtig der Sinn-Horizont ist. Wer glaubt, an einem sinnvollen Größeren mitzuwirken, der wählt den anspruchsvolleren Weg.

Ob Menschen einen Sinn erkennen, hängt auch davon ab, ob sie die Wegstrecke, auf der sie sich befinden, als wertvoll einschätzen. Sinn lässt sich nicht aufschieben in die Zukunft, in ein nächstes Leben, sondern unsere »Lebenszeit« findet jetzt statt. Das »eigentliche« oder bessere Leben kommt nicht erst, sondern wir sind mittendrin. Es gibt nur dieses eine, wir haben kein zweites, interessanteres in der Tasche.

Inmitten der Turbulenzen unserer Welt könnte uns mit diesem Bewusstsein die Einmaligkeit des eigenen Lebens, einer unwiederholbaren Stunde, einer Begegnung – oder das Glück einer warmen Hand oder eines Augen-Blicks – neu und intensiver bewusst werden. Wir würden einfache Vollzüge – ein Essen kochen, den abendlichen Spaziergang, die Eigensinnigkeit des eigenen Körpers, die Stille einer autoleeren Straße, den Geruch eines Pinienwaldes, die herzliche Umarmung – deutlicher wahrnehmen, wenn wir bewusst damit leben, dass Lebenssituationen einzigartig und nicht wiederholbar sind.

Allerdings: Die Wiederentdeckung und Wertschätzung solcher sinnhaften Erfahrungen erfolgt vor dem Hintergrund einer unüberschaubaren, komplexen, kontingenten Welt. Sie sind nicht unberührt von ihr. Aber dieses Nicht-Austauschbare, Nicht-Wiederholbare hält das Chaos doch zumindest etwas ab und bleibt letztlich im Kern und in der Intensität unbetroffen. Ähnlich wie die Liebe, die es immer nur im Wissen der Trennung gibt, deren Inneres aber nicht die Trennung ist, sondern allenfalls irgendwann ihr Schicksal.

Krankheit und Sinn

In der Krankheit erleben wir etwas, das wir nicht »in der Hand« haben, eine Erinnerung an unser existentielles Ausgeliefertsein in einer sonst relativ sicher erscheinenden Welt. Plötzlich ist da eine dunkle Wolke über unseren kleinen und größeren Vorhaben und Zielen. Wir erleben etwas von der Unberechenbarkeit des Schicksals, die wir bisher verdrängt hatten. Nichts mehr ist, wie es war. »Irgendwann erwischte mich das Schicksal, vor dem ich mich immer gefürchtet habe. Plötzlich konnte ich nicht mehr wegschauen, verdrängen, ignorieren. Ich wusste tief innen, dass ich das falsche Leben führe, aber ich musste regelrecht rausgerissen werden. Das geschah dann auch, als ich diesen tonnenschweren Satz hörte: ›Sie haben Brustkrebs.‹« Rückblickend empfindet diese Frau, die bis dahin einen 17-Stunden-Tag lebte, ihre Krankheit als unüberhörbares STOPP, das ihr heute fast wie eine Fügung erscheint.

Vielleicht können nur diejenigen, die schon gezwungen waren, ernste, lang währende Krankheiten durchzumachen und durchzustehen, Sinn in einer Welt entdecken, die aus dem Leiden auftaucht. Kaum einer, der nicht bestätigen kann, dass eine Krankheit neue Einsichten weckt. Eine

Krankheit reißt aus der Routine des täglichen Lebens heraus. Plötzlich weiß man am eigenen Leib um die Unverfügbarkeit, um dieses rätselhafte, unvorstellbare, launische Schicksal, das man vorher vielleicht jahrelang verdrängt hat. Fragen tauchen auf: Was sagt mir meine Krankheit? Was soll ich lernen? Vielleicht vermag in einem aktiven Leben erst die Krankheit zum Nachdenken führen und zur Entdeckung, dass fortan nichts mehr als selbstverständlich betrachtet werden kann. Krankheit gibt uns einen Zugang zu uns selbst, zu unbewussten Motiven, unterdrückten Impulsen. Vielleicht fragen wir erstmalig, welcher Sinn uns im eigenen Leben eigentlich leitet. Ob der berufliche Kampf, die gesellschaftliche Stellung und die Freizeitgestaltung wirklich zur Lebendigkeit beitragen oder eher dazu dienen, das Leben zu verdrängen, zu vertagen, zu strapazieren oder zu überfordern. Wer sich nur für andere engagiert, muss sich vielleicht endlich mit den eigenen Sinnperspektiven auseinandersetzen und anfreunden. Eine Schwerkranke beschrieb es so: »Durch meine Krankheit habe ich zum ersten Mal erfahren, was es heißt, Zeit zu haben, um einfach zu leben.« Eine andere drückte es ähnlich aus: »Endlich bin ich bei mir selbst eingekehrt.« Die Wahrnehmung, was ein Leben sein könnte, in dem man Zeit hätte, zu leben, ist für manche tatsächlich erst denkbar, wenn sie durch die erzwungene Ruhe den Blick neu schweifen lassen dürfen. Nur in der ausweglosen Sinnlosigkeit, die im wahrsten Sinne des Wortes perspektivlos ist, weil sie ausdrückt, dass nichts mehr leben, nichts mehr gestaltet werden kann, ist kaum etwas anderes zu erkennen als das Ende der Hoffnungssuche – das Elend. Schwer zu ertragen, lähmend ist es, wenn wir nur mitfühlend Zeuge sein können, wenn jemand die Zukunft nur als drohend erlebt und keine Hilfe mehr annehmen kann.

Jeder Kranke ist ein Individuum und nicht ein »Fall«, denn Krankheit ist ein persönlicher Prozess, ein Hilferuf der Seele, in dem sich ausdrückt und bis in die Organe zur Sprache kommt, was dem eigenen Leben widerfahren ist. So gewinnen wir auch eine andere Sicht von Gesundheit. Nicht als Ideal, dem wir angestrengt nacheifern, oder als Bedingung für allgemeines Wohlbefinden, sondern als Ausdruck und Lebensweise eines Menschen in seiner konkreten Lebenssituation. Dabei denke ich an unser gegenwärtiges Ideal von einer unerschütterlichen Gesundheit. Untersucht man das ausgeklügelte Risikomanagement, das heute zu den Bürgerpflichten des 21. Jahrhunderts gehört, richtet man sich nach den statistisch fundierten Lebensregeln: Nicht rauchen! Nur mäßig Alkohol (bloß keinen Wodka)! Nur zehn Minuten an die Sonne (am besten abends)! Ernährungsratschläge befolgen (mindestens fünf pro Tag)! Vorsorgeappelle einhalten (mindestens einmal pro Jahr)! Sport treiben (aber nicht zu viel joggen)! Aufs Land ziehen! Heiraten! So – macht man uns weis – können wir nicht nur ein paar Jahre mehr herausschlagen, sondern auch allerlei Risiken minimieren. Wie lächerlich sich solche Vorschläge ausnehmen, können wahrscheinlich am besten diejenigen ermessen, die am eigenen Leib erlebt haben, wie Sinn sich wandelt, wenn das Leben nicht mehr als selbstverständlich betrachtet wird, das einem zusteht, wenn man sich nur richtig verhält.

Dass Krankheiten heilsame Wirkungen haben, entdecke ich, wenn ich mir die Menschen vor Augen führe, die auf eindrückliche Weise vorleben, wie Krankheit, so schwer sie auch sein mag, uns nicht widerfährt, um uns zu vernichten. Denen es gelingt, auch für uns den Blick für andere Welten der Wahrnehmung zu öffnen. »Die Tatsache, dass ich im vollen Leben überrumpelt wurde, hat mich zunächst erschüttert. Aber ich war dem Leben noch nie so intensiv verbunden wie in der Zeit nach meinem Herzinfarkt, als ich dachte, es würde zu Ende gehen. Ich hatte Empfindungen, die dem Gefühl des Lebenssinns so nahe waren wie noch nie. Ich habe das Existentielle des Lebens gespürt und habe mehr gelebt als all die Jahre zuvor.«

Im Grunde sind solch tiefe Sinnerfahrungen nicht abzukoppeln vom Wissen, dass alles zu Ende sein kann. Wie es dieser Betroffene beschrieb, werden sie sogar intensiver, wenn man ein mögliches Ende auf sich selbst bezieht und annimmt. Ähnlich erlebte es ein Kollege: »Da war keine Angst, kein Suchen nach Erklärungen, kein Entrinnen-Wollen. Die Tatsache, dass ich angehalten worden war, erfüllte mich mit Freude.« Oder eine Krebspatientin: »Dass ich diesen Tag heute mit allen Sinnen genieße, hat ganz viel damit zu tun, dass ich nicht weiß, ob ich morgen aufwache.« Dass Kranke sinnliche Erfahrungen und Lebensende zusammen denken können, gibt ihrem Erleben und Wahrnehmen eine Tiefe, die entschlackt ist von der Selbstbezogenheit und befreit zur Annahme des Widerfahrenen. Seine Härte wird dadurch vielleicht nicht gemildert, aber die Welt spricht neu zu ihnen und weckt ihre Sinne für andere Wahrnehmungen, die von einer Durchlässigkeit für das Wesentliche sprechen. Krankheit ist der große Weckruf oder zumindest Denkanstoß, der aufrüttelt, über den Sinn des eigenen Lebens nachzudenken. »Ich bin weicher, toleranter und geduldiger geworden. Ich empfinde Dankbarkeit meinem Leben gegenüber. Endlich weiß ich zu schätzen, dass alles nur auf Zeit geliehen ist«, diese Betroffene hat vor allem Eigenschaften in sich entdeckt, die sie verändert und ihr neuen Sinn geschenkt haben.

Viele machen beim Einbruch einer Krankheit vielleicht zum ersten Mal Bekanntschaft mit der Erfahrung von

Sinn und Sinnlosigkeit. Erst die Gefährdung des Lebens ist für sie der Moment der vollen Bejahung ihres Daseins. Sie fühlen sich auf eine neue Art zugehörig, weil ihre ehrgeizigen Pläne und Projekte nicht mehr zwischen ihnen und dem Leben stehen. Ihr Blick darf sich nun durch all die Schichten von Verpflichtungen und Zuständigkeiten ins Eigentliche einlassen. Deswegen sind gerade unter denen, die es gelernt haben, sich mit ihren Krankheiten zu versöhnen und ihnen einen tieferen Sinn zu geben, die Sinnexperten. Sie kennen die langen Wege, die unermüdliche Suche nach Erklärungen, aber auch das Reifen zu neuen Einsichten. Sie wissen, dass in jeder Krankheit die Chance zu einem Neuanfang liegt. »Endlich bin ich bei mir selbst gelandet«, so drückte sich eine Klientin aus. Was sich mit diesen Erfahrungen aufbaut, ist nichts anderes als Sinn – Sinn für ein befreites Ich.

Schicksalsschläge sind Schläge

»Das Schicksal eines Menschen liegt in seiner Hand«, so die Aussage von Francis Bacon. Ist dem wirklich so? Haben wir es in der Hand? Oder jemand oder etwas anderes? Es gibt ja auch die sogenannten Umstände, höhere Mächte oder Murphys Gesetz: »Was schiefgehen kann, geht schief«.

Aber was ist mit den sogenannten Schicksalsschlägen, die von einer Minute auf die andere den Sinn unseres Lebens in Frage stellen? Haben wir sie in der Hand? Schon allein das Wort beinhaltet einen Widerspruch. Einen Schlag hat man nicht in der Hand, sondern er passiert einfach. Er widerfährt uns, weil wir vom Gesetz des Lebens ebenso betroffen sind wie die Pflanzen und die Tiere. Und zu den Bedingtheiten des Lebens gehört nun einmal, dass alles, was lebt, begrenzt, verletzbar und vergänglich ist. Nur wer diesen Gedanken nicht aushält, flüchtet sich in den Glauben, wir könnten alles selbst lenken und beeinflussen, wenn wir es nur richtig anstellen.

Schicksalsschläge werden von den meisten als etwas erlebt, das von außen kommt, meistens ganz plötzlich und ohne Vorankündigung. Wie ein anonymer Brief, der plötzlich im Briefkasten liegt – ohne Absender. Schicksalsschläge greifen in unser Leben ein, ob wir es wollen oder nicht, und geben ihm eine andere Wendung. Man führt sie nicht bewusst selbst herbei, sondern sie widerfahren einem. Jeder schwere Schicksalsschlag ist etwas, dass das eigene Ich, den eigenen Lebenssinn, die eigene Lebensnische mit einem Schlag zerschmettert und einen getroffen, überwältigt oder verwundet zurücklässt.

Was ist das Spezifische eines Schlages? Ein Schlag ist meistens ganz kurz, aber er ist überraschend und erschreckt uns. Wenn wir den Aussagen moderner Wissenschaftler glauben dürfen, dann begann die Welt, in der wir leben, mit einem großen Schlag, dem Urknall. »Ein Schicksalsschlag trifft uns«, sagen wir. Oft fängt etwas Neues mit einem Schlag an, oder etwas Gewohntes endet mit einem unerwarteten Schlag. Man denke nur an den berühmten Paukenschlag, mit dem etwas Neues beginnt. Am meisten aber fürchten wir die Schläge, die uns das Leben austeilt.

Wir schlagen um uns in tiefster Verzweiflung und wollen Unliebsames, Unangenehmes mit einem Schlag beendet wissen. Es gibt Schläge, die zum Tod führen: der Schlaganfall, der Hirnschlag, der Herzschlag. Mit einem Schlag kann unser Leben beendet sein. In einem Blitzschlag konzentrieren sich viele tausend Volt Spannung, die Bäume, Häuser und Leben auslöschen.

Aber auch die zündende Idee oder die Liebe auf den ersten Blick kommen mit einem Schlag. Und so manche Schlagzeile rüttelt uns auf. Manche Schläge wiederholen sich. Der Pulsschlag zeigt an, dass wir noch leben. Und in der Musik kann ein Schlag eine neue Qualität gewinnen, wenn er wiederholt wird und sich zum Rhythmus oder Metrum entwickelt. Nicht zu vergessen die Schlagsahne, die den sonntäglichen Kuchen krönt. Und schließlich teilt das Schlagen der Uhr unser Leben in 31 536 000 Sekundenschläge pro Jahr ein.

Diese kleinen Denkanstöße sollen dazu anregen, die erstaunliche Partitur von »Schlägen« zu studieren. Interessant daran ist, dass Schläge beides sein können: Neuanfang und Ende, Leben und Sterben, Sinn und Sinnlosigkeit. Die Geburt unserer Welt, die Entstehung von Leben, die Historie, die Entwicklung jedes Wesens: Sie alle sind eine Symphonie von unvorhersehbaren Ereignissen, Wendungen und Schlägen.

Wovon hängt es ab, wie sehr wir uns von etwas »schlagen« lassen? Es hängt sehr viel davon ab, ob wir glauben, wir haben unser Leben selbst in der Hand. Wer sich unverrückbar fest im Sattel wähnt, für den muss alles, was außerhalb der Vorhersehbarkeit und Kontrolle liegt, besonders verunsichernd und verstörend sein. Wer zudem noch davon ausgeht, dass er dem Schicksal ein Schnippchen schlagen kann, wenn er sich richtig verhält, für den muss es besonders kränkend sein, wenn es ihn trifft. Und wer meint, jede Situation meistern und beherrschen zu können, ist natürlich höchst irritiert, wenn er sich plötzlich überraschenden Wendungen ausgeliefert fühlt.

Gewiss gibt es vieles, auf das ich Einfluss nehmen kann. Besonders was mein eigenes Leben betrifft, kann ich mich für eine geringere oder höhere Selbstzerstörungsgeschwindigkeit entscheiden. Aber weitaus das meiste in der Welt und auch in meiner eigenen Lebenswelt geschieht ohne mein Dazutun. Allem, was stärker ist als wir selbst, sind wir tendenziell ausgeliefert. Eine besondere Haltung scheint notwendig, damit wir uns nicht erschlagen lassen oder geschlagen geben. Doch auch wenn wir unseren Weg nicht allein bestimmen, so können wir ihn dennoch auf unsere ganz persönliche Weise gehen. Wir können Bündnisse mit anderen Weggenossen schließen, um nicht allein auf unseren Wegen zu sein. Und selbst wenn sich alle Wege dramatisch verengen, so bleibt auch auf dunkelster Strecke noch die Möglichkeit, so etwas wie einen Hoffnungsschimmer oder kleine Glücksmomente zu entdecken.

Das zeigen Schicksale wie das von Helen Keller, die ihr Augenlicht und ihr Gehör schon in jungen Jahren verlor. Statt ihr Schicksal zu verfluchen, führte sie ein nahezu normales Leben, studierte, schrieb Bücher und setzte sich für die Rechte ihrer Schicksalsgenossen ein. Sie konnte Farben riechen, z. B. Pink »wie die Wange eines Babys, oder eine sanfte Brise«; Gelb »wie die Sonne, lebendig und voller Versprechungen«; und Häuser aufgrund ihrer Geruchsgeschichte erkennen: »Es hat mehrere Schichten von Gerüchen wegen der Bewohner, Pflanzen, Parfums und Stoffe.« Selbst Städte konnte sie identifizieren: »Lange Straßen, Fußgänger, Gerüche aus Fenstern, Tabak, Gas, Früchte, Autos – ein Schwirren, das mich schaudert.« Auf die Frage, weshalb sie so glücklich sei, meinte sie: »Ich lebe jeden Tag, als wäre es mein letzter. Das Leben ist so reich an Herrlichkeit.« War sie vom Schicksal geschlagen? Von ihren körperlichen Funktionen her gesehen – ja. Von ihrem Wesen her gesehen – nein. Ihre Behinderung hat ihre Sinne für andere Welten der Wahrnehmung geweckt, die sie die Welt mit einer Intimität und Genauigkeit erleben ließen, dass sie ihr Leben als reich empfand. Aufgrund ihrer Geschichte ging sie davon aus, dass jeder Mensch »Meister seines Schicksals« ist.

Auch wenn sie später relativierte, dass nicht jeder über die Möglichkeit verfügt, an Schwierigkeiten zu wachsen, könnte ihre Geschichte dennoch für uns ein Ansporn sein, unsere Begrenztheiten nicht einfach hinzunehmen, sondern unsere Sinne für neue Wahrnehmungen zu öffnen. Das könnte heißen: statt Konzepten unseren eigenen Wahrnehmungen zu vertrauen, statt Abstraktionen unserem sinnlichen Wissen nachzugehen. Auch für Benjamin Disraeli, britischer Schriftsteller und Premierminister, war das Leiden ein wichtiges Lebenselement: »Viel sehen, viel leiden und viel studieren sind die drei Pfeiler des Lernens.« Und etwas pfiffig stand es auf einem amerikanischen Aufkleber: »Oh no! Not another one of life's lessons!« (»Oh nein, bitte nicht wieder eine neue Lebenslektion!«)

Warum gerade ich?

Eine schwere, chronische oder unheilbare Krankheit oder ein Unfall – das fällt den meisten ein, wenn sie an einen plötzlichen Schicksalsschlag denken. Da gibt es das Beispiel mit dem Arzt, dessen Partnerin unter sein Auto geriet, als er rückwärts wenden wollte. Oder die Frau, die in dem Moment, als sie den Mann ihres Lebens traf, von einem Laster bei Glatteis gerammt wird und schwer verletzt im Spital landet. Oder die Witwe, die nach einer langen Phase der Desorientierung so langsam wieder Fuß fasst und erfahren muss, dass sich ihre Mutter das Leben genommen hat.

Wahrscheinlich haben sich alle drei mit der Frage beschäftigt: Warum? Warum musste dies geschehen? Warum ausgerechnet mir? Warum passierte es einem meiner Angehörigen?

Jedem von uns stellt sich irgendwann einmal die Frage: Warum gerade ich? Oder sogar: Was habe ich getan, um so etwas zu verdienen? Diese Frage ist menschlich, aber meist gibt es keine Antwort darauf. Oder es gibt unendlich viele Antworten, die sich immer mehr verästeln, aber letztlich in eine Sackgasse führen. Kinder fragen, warum, und wenn man ihnen eine Antwort gibt, fragen sie erneut. Die Warum-Frage ist ein gutes Beispiel dafür, wie wir versuchen, dem uns Widerfahrenen einen Sinn zu geben. Wir machen eine Erfahrung und versuchen automatisch, Gründe dafür zu finden, weil wir gelernt haben, dass Ereignisse aus anderen Ereignissen hervorgehen. Mindestens zwei Gründe sprechen jedoch gegen dieses Vorgehen: Die Welt ist viel komplexer, als dass für alles eine Erklärung zu finden wäre. Auf allen Ebenen unseres Daseins gibt es den reinen Zufall. Zweitens ist unsere eigene Sicht der Ereignisse immer beschränkt. Wir können nie alle Ursachen erfassen, dazu fehlen uns umfassende Kenntnis und ausreichend Gedächtnis. Manche Ereignisse benötigen keine greifbare Ursache, sie geschehen einfach und entziehen sich einem begreifbaren Warum. Deswegen frage ich, ob es nicht sinnvoller wäre, die Frage nach dem Warum auf sich beruhen zu lassen. Hilft es wirklich, besser mit Widerfahrnissen umzugehen oder mit ihnen zu leben, wenn wir uns mit Erklärungen und Deutungen herumschlagen? Es ist zwar natürlich, etwas oder jemandem die Schuld zu geben, aber es nützt nicht viel und kostet wertvolle Zeit, weil es die emotionale Qual nur verlängert und die Verarbeitung des Geschehens hinausschiebt.

Ich erinnere mich an die Worte einer Freundin, die im letzten Jahr an einer Krebserkrankung gestorben ist: »Ich glaube, ich habe eine Antwort auf die leidige Warum-Frage gefunden. Sie heißt: ›Warum gerade ich nicht?‹ ›Warum soll ich nicht fähig sein hinzunehmen, was tagtäglich immer wieder Menschen geschieht?‹ ›Warum sollte ich es nicht schaffen, anzunehmen, dass ich wie so viele in der ganzen Welt an Krebs sterben werde?‹ Ich bin es leid zu fragen: ›Was habe ich falsch gemacht?‹ oder ›Was habe ich getan, dass es ausgerechnet mir passiert?‹« Das ist eine

Antwort, die nicht in der Ebene der äußeren Verursachung stecken bleibt, die nicht davon ausgeht, dass man Leid vermeiden könnte, indem man alles richtig macht. Es zeugt von Weisheit, wenn jemand sagen kann: »Warum nicht ich?« Denn diese Frage öffnet ein Tor zur Zukunft. Man kann seine Kräfte auf ein Leben unter neuen Vorzeichen konzentrieren. Und man kann zur konstruktiven Frage gelangen: Was kann ich, da mir solches widerfahren ist, jetzt tun? Ich denke in diesem Zusammenhang an die Theologin Dorothee Sölle, die in ihrem Buch »Leiden« die Auffassung vertritt, dass »die wichtigste Frage in der Erörterung des Leidens lautet, wem es letzten Endes dient«. Also nicht: »Warum ist es geschehen?«, sondern »Wohin führt es?«, »Welchen Sinn macht es?«

Stärke & Kraft

»Folge deiner Seligkeit«

Brächte ich sämtliche therapeutische Erfahrungen, wonach Menschen suchen, auf einen Punkt, so ist es nicht der große Sinn des Lebens, sondern die Erfahrung des Lebendigseins. Die Erfahrung, dass es ein inneres Nachschwingen dessen gibt, was ich erlebe und tue. Menschen wollen tatsächlich empfinden, dass sie lebendig sind. Sie wollen Sinn am eigenen Leib erfahren.

Eine prägnante Formel dafür lieferte Campbell: »Folge deiner Seligkeit.« Er ging davon aus, dass wir uns zu sehr von den Diktaten unserer Eltern und Kultur verbiegen lassen und je nach Erwartungen, denen wir entsprechen müssen oder möchten, uns selbst dabei abhanden kommen. Das Wort »Seligkeit« klingt vielleicht für manche nach Kirchensprache, irgendwie altertümelnd oder gar nach Geldsegen. Als Seelenexperte meint er aber eher das »Abenteuer der Seele«, nämlich das Leben zu leben, das in einem selbst angelegt ist. Er meint die Erfahrung, aus dem ureigenen Erfahrungspotential zu leben; etwas zu leben, das nicht von jemand anderem erlebt werden kann. Persönlich bin ich eher geneigt zu sagen: »Folge deiner Stärke« oder noch besser: »Folge deiner Leidenschaft.«

Stärke und Leidenschaft sind das, was uns aufruft und anfeuert. Eine innere Aufforderung, die uns anspornt: »Gib dein Bestes! Geh' in deine Kraft!« Jeder, der sich schöpferisch betätigt, weiß, wie hart diese Arbeit ist, mit wie viel Leid sie verbunden ist, aber auch wie intensiv, befriedigend und berauschend solch ein Prozess sein kann, der einem diese innere Weite des Lebendigseins schenkt.

Nicht nur kreatives Tun lebt von Leidenschaft. Spätestens um die Lebensmitte sind wir eingeladen, unsere Stärken und Leidenschaften zu finden. Was macht mich lebendig, was verbindet mich tief mit diesem meinem Leben? Man muss schon ein paar Jährchen gelebt haben, um solche Fragen zu stellen, denn sie führen zur Selbsterkundung: Wer bin ich, was will ich, was kann ich? Es geht nicht mehr darum, möglichst viel zu verschlingen und anzuhäufen, sondern um den Sinn für Grenzen, Konturen, für Vertiefung und sorgfältige Begegnung mit sich selbst. Die Energien, die vorher gebunden waren durch Anpassungsbereitschaft, werden nun frei für eine neue Offenheit und Durchlässigkeit für das Wesentliche. Die Bündelung der Kräfte, das Wissen um Nicht-Gelungenes, Nicht-Erreichtes, Erlittenes und Selbstverschuldetes, beides sind Voraussetzungen für ein Mehr an Intensität. Denn genau so hat es die Natur in uns angelegt: Was wir tun, kann uns nur dann glücklich machen, wenn wir einen Sinn darin erkennen.

Darum lohnt es sich, einen Standort zu suchen, zu dem man immer wieder zurückkehren kann: die eigene Stärke. Statt sich mit den eigenen Schwächen zu plagen, sie wegzutrainieren oder therapieren zu wollen, geht es nun um die Frage: Wo liegt meine Kraft? Die Welt ist voll mit Menschen, die aufgehört haben, auf sich selbst zu hören, die nur auf andere, Nachbarn, Vorgesetzte hören, um zu erfahren, was sie tun sollten. Sie wissen, was sie tun sollten, statt was sie tun wollen; was sie zu wünschen hätten, statt was sie sich wirklich wünschen. Eine Frage wäre: Was würde mein Leben mit Sinn erfüllen, welche Lebensart würde mir Schwung und Kraft geben? Dieses Leben und die Suche danach wertete auch der Onkologe Lawrence LeShan als die entscheidende Mobilisierung des Immunsystems gegen Krebs und andere lebensbedrohende Krankheiten. Dieser Gedanke, sein Leben aus seinen Stärken heraus zu gestalten, ist für viele heute so fremd, dass sie sich ihm nur allmählich nähern können. Zum Beispiel durch die Frage: Wie kann ich mir selbst heute ein wohlwollender Gefährte sein? Oder indem man einen Tag der Woche zum bestmöglichen Tag macht, der nur einem selbst gehört. Dies als Erfahrung, wie es sich anfühlt, wenn man sich selbst ernst nimmt.

Wie findet man seine Stärken? Indem man sich wieder an seine Träume und Wünsche erinnert, und den Mut hat zu fragen: Was bringt mich in die Kraft? Stärkt mich dieser Weg oder schwächt er mich? Meist wissen wir die Antwort. Wir spüren intuitiv, instinktiv, »im Bauch«, was unser Weg sein sollte, weil in uns ein Bedürfnis zu wachsen existiert. Sich auf die Seite des Wachstums zu schlagen, könnte auch bedeuten, größere Träume zuzulassen, innere Bilder zu entwickeln, die das zur Landschaft formen, was das Herz zum Brennen bringt. Nur wer innerlich brennt, kann andere entzünden, das wusste schon Augustinus. Man hat nur ein Leben zu leben, man muss es nicht für mehrere Leute leben. Seine Stärke findet man, indem man eigensinnig dabei bleibt, was einen wirklich in die Kraft bringt. Es ist schließlich auch das Geheimnis großer Lebenswege, dass Menschen sich dem hingeben, was sie gut können. Weil sie auf ihre Stärken setzen und aus ihrer

Kraft schöpfen. Und weil sie intensiv leben. Ich denke dabei an eine Frau des 20. Juli 1944, Emmi Bonhoeffer. Sie sagt: »Ich glaube Intensität ist Glück. Ich habe sehr viele Möglichkeiten gehabt, intensiv zu leben.«

Der amerikanische Psychologe Martin Seligman empfahl: »Schreib nieder, was dir gelingt; schreib nieder, was dich beglückt!« Was mache ich wirklich gut? Was liegt mir, wofür habe ich ein Händchen? Wie müsste ein Tag aussehen, den ich als sinnerfüllt erlebe? So könnte man diese Fragen fortsetzen. Sie alle richten ihre Scheinwerfer auf die persönlichen Quellen von Sinn, im Wissen, dass wir unser Bestes nur geben, wenn wir uns mit dem Positiven identifizieren, statt mit dem, was uns schwächt. »Wenn man nur an seine Sünden denkt, wird man ein Sünder«, so las ich bei dem Zen-Philosophen D. T. Suzuki. Wenn man seine Stärken pflegt, zeigt sich das eigene Potential.

Beziehungen

»Behandle sie, als würdest du einen kleinen Fisch kochen«

Der Physiker Albert Einstein meinte: »Die besten Dinge sind nicht die, die man für Geld bekommt.« Es stimmt; Geld, Anschaffungen, Karriere machen vielleicht zufrieden, aber zur Frage nach dem Sinn können sie wenig beitragen. Wenn unsere Seele sich so einfach kaufen ließe, gäbe es nicht so viele, die unglücklich über ihr Leben sind und sich als innerlich hohl und unerfüllt erleben. Fragen Sie sich selbst: In wieweit trägt materieller Reichtum zum Sinn meines Lebens bei? Was ist der Preis?

Womöglich kommt jeder einmal an den Punkt, wo sich eine Diskrepanz auftut, zwischen dem, was man investierte und anstrebte, und dem, was man im Innersten wirklich ersehnt. Oft genügt eine schwarze Wolke – die Erosion einer vertrauten Beziehung oder der Knoten in der Brust – und man erlebt, wie der Boden unter den Füßen wegbricht. Als wäre man ins tiefe Wasser gestürzt, verschwimmt plötzlich all das, worauf man gebaut hatte. Man weiß nicht einmal mehr, ob man schwimmen kann, geschweige denn, ob und wie man ein neues Ufer erreicht.

Dank des Eigensinns, dieser Trotzmacht des Geistes – ist es einem aber möglich, sich nicht unterkriegen zu lassen, anders werden zu können und sein Leben neu auszurichten und sogar reicher zu gestalten. Dabei hilft vor allem eines: die Pflege unserer Beziehungen. »Im Grunde hilft nur ein anderer Mensch«, so die Devise des Theologen Eugen Drewermann, der ich hinzufügen würde: Eine der schönsten Möglichkeiten Sinn zu stiften, ist die Zuwendung, Beachtung oder Anerkennung, die wir anderen schenken. So viel steht fest: Wer die anderen unwichtig findet, weil er meint, ohne sie besser zum eigenen Sinn vorzudringen, verpasst ihn garantiert. Ohne Bindungen, Austausch, Mitgefühl, die man empfängt und gibt, kann keiner auf ein sinnreiches Leben schauen. Natürlich sind manche Menschen geselliger als andere, aber wer nur sein Auto, seinen PC oder sein Handy liebt, hat ganz offensichtlich eine Störung. Denn Menschen sind von Natur aus gesellig, um wachsen und gedeihen zu können. Um irgendwann vielleicht sogar über sich selbst hinauszuwachsen.

Die Gefahr und Verführung ist, dass unter der Schicht der vielen täglichen Anforderungen und Verpflichtungen die Pflege unserer Beziehungen in den Hintergrund gerät und leidet. »Später, wenn ich mehr Zeit habe«, »wenn ich pensioniert bin«, »wenn ich mich in der neuen Firma eingearbeitet habe«, »wenn die Wohnung fertig eingerichtet ist« – so oder ähnlich lauten die Rechtfertigungen, Entschuldigungen, die alle eines übersehen: Beziehungspflege lässt sich nicht verschieben. Wir haben nur diese eine Familie, diese Freunde, diese Nachbarn und Bekannten, die zu uns gehören – und zwar »jetzt« – mit all ihren Vorzügen und Schwächen. Wir haben keine andere, bessere Option. So ist es und nicht anders. Das anzunehmen wäre der Anfang aller Weisheit. Vielleicht steht dann der Respekt mehr im Vordergrund, und es wird nicht mehr jede enttäuschte Erwartung ausgeleuchtet, aber die Beziehungen werden lebbarer, weil man begriffen hat, sich das zu eigen zu machen, was nun einmal zu einem gehört.

Ein chinesisches Sprichwort sagt: »Behandle deine Familie, als würdest du einen kleinen Fisch kochen.« Das ließe sich auf jede Form von Familie anwenden. Man fährt wahrscheinlich am besten, wenn man sich vorstellt, wie man einen kleinen Fisch kocht – nämlich ziemlich sanft. So wird er kostbar und genießbar – wie auch unsere Familie. Gleichzeitig verhindert Beziehungspflege ein zu einseitiges Bei-sich-selbst-Sein – die sogenannte Eigenbrötelei. Denn es wird als Ideal unserer Zeit proklamiert, dass man »bei sich« zu sein habe. Vielleicht ist es aber sinnvoller, mehr bei den anderen zu sein, die uns brauchen, da wir dann sie – und damit auch uns selbst – einfühlsamer verstehen würden. Es macht tiefen Sinn, nicht allein durch das Leben zu gehen, sondern einander Wegbegleitung zu geben und sie auch anzunehmen.

Ich gebe zu, der gefährlichste Ort ist die Familie – schon rein kriminalstatistisch ließe sich das untermauern. Das hängt mit unseren Erwartungen zusammen. Wir erwarten zu viel voneinander, denn nahe, lang währende Beziehungen wecken unweigerlich frühe Sehnsüchte nach Geborgenheit und zugleich Wünsche nach Distanz und Abgrenzung. Enttäuschte Erwartungen stören die Beziehungsnähe, weil hineininterpretiert wird, weil man einander zu nahe kommt oder zu weit wegrückt, und weil man einander erdrückt im Haben-Wollen oder Geben-Müssen. Es gibt ein altes Gebet, in dem es heißt: »Herr, lehre uns, wann wir loslassen sollen.« Loslassen im Haben- und Geben-Müssen – das würde die Freude miteinander und aneinander freilegen. Sich miteinander freuen wäre die Entlastung, die die vielen Erwartungen, die wir an unsere

Nächsten haben, relativiert. Sich freuen (wenn das nicht gelingt, dann zumindest neugierig sein) ist eine Sache des Moments und vielleicht die sinnvollste, die das Leben schöner macht.

Sie beginnt mit der Freundlichkeit. Leider ist sie heute bei vielen ins Abseits geraten, als wäre sie eine überflüssige Tugend. Dabei ist Freundlichkeit das Heilmittel schlechthin, nicht nur bei Spannungen oder Krisen, sondern weil sie Nähe und Ermutigung im täglichen Austausch schafft. Denken Sie an einen Menschen, den Sie mögen. Ist sie oder er ein unfreundlicher Mensch? Wir suchen doch gerade die Nähe zu denen, die durch ihr Auftreten Wärme, Charme und Offenheit verbreiten. Dass wir nicht auf Abstand gehen und frieren, sondern ihre Nähe genießen, hat doch damit zu tun, dass sie mit ihrem offenen, warmen Herzen anstecken. Neben ihnen fühlt man sich nicht allein. Das Herz wird weit, das Gesicht wird offen. Und beide fühlen sich sicher – der, der Freundlichkeit schenkt, und der, der sie empfängt.

Ist das nicht eine Menge Sinn, wenn wir hier und heute unsere Freundlichkeit, Neugier und Ermutigung mit anderen kultivieren? Mit anderen freundlich zu leben, gehört zu den wertvollsten Gütern, die wir immer noch uneingeschränkt besitzen, und die durch Teilen sogar noch mehr werden. Jeder, der sie pflegt, atmet am Ende erleichtert auf: weil das Misstrauen, die Enge, die Gereiztheit und der Geiz nicht das letzte Wort haben.

Auf seine Liebsten achten, einander die Hände reichen, in der Nähe bleiben; nur so können wir uns vergewissern, wer wir sind. Aus dem Glück eines anderen lässt sich nicht nur für den anderen, sondern auch für einen selbst viel gewinnen. So meint es jedenfalls André Gide: »Wer andere glücklich macht, wird glücklich.« Ich bin sicher, dass die-

Kleine Gesten der Freundlichkeit

ses Glück den Hunger nach Sinn anhaltender stillt als Schokolade. Auch wenn wir den Traumpartner gefunden haben, wird das Glück noch runder, wenn wir darüber unsere Nächsten nicht vergessen. Es sind diese kleinen Handreichungen, von denen wir alle leben: Geburtstagswünsche; das rechte Buch zur rechten Zeit; die warme Hand, wenn jemand deprimiert ist; der Überraschungsbesuch oder die spontane Botschaft auf dem Anrufbeantworter, die daran erinnern: Gut, dass du da bist! Gut, dass es dich gibt!

Zuwendung und Liebe kennen unzählige Varianten. Sie müssen nicht immer mit weichen Knien, Herzklopfen, trockener Kehle, überwältigender Seligkeit und weltbewegender Wichtigkeit einhergehen. Sie können auch ganz unscheinbar daherkommen. Wer sich wach und offen hält für diese oft unscheinbaren Einladungen, die immer auch auf etwas Größeres verweisen – die zugelaufene Katze; die strahlenden Augen eines Kindes; die Kranke, die sich über eine Gemüsesuppe freut; das Patenkind, das eine Auszeit von den Eltern braucht; der cholerische Nachbar, der ein paar beruhigende Worte vertragen kann; oder ein Nächster, der ein warmes Händchen braucht. Die Türe zur Liebe geht nach außen auf. Zumindest können wir ihr die Türe immer wieder aufhalten.

Aufhören

Manche Antworten auf die Frage nach dem Sinn tragen nicht ein Leben lang. Sie werden korrigiert, verändert, verworfen. Neue Einsichten verlangen ein neues Ausbalancieren dessen, was neuen Sinn macht. Verhaltensweisen, die überlebt haben, wollen verändert werden, weil sie einen behindern und nach Veränderung rufen. Was heute Sinn macht, kann morgen wieder fragwürdig sein. Andere Träume, andere Werte und andere Probleme fordern uns ständig neu heraus. Immer wieder stellt sich die Frage: Hast du dir dein Leben so vorgestellt? Ist es wirklich das, was du wolltest? Hast du überhaupt den Beruf, der dir Freude macht? Den richtigen Lebenspartner? Passt dein Hobby immer noch zu dir? Dein Kleiderstil? Deine Freunde? Deine Gewohnheiten?

Leben ist eine ständige Provokation, die wir annehmen und gestalten müssen, um immer wieder neu zu erkennen, was für uns persönlichen Sinn macht. Wir wissen zwar nicht im Voraus, was uns zufällt, aber wir haben die Wahl, der Aufforderung zur Bewegung zu folgen, sich ihr auszusetzen, oder uns dagegen zu entscheiden und stehen zu bleiben. Leben besteht aus einer Reihe von Widerfahrnissen und Zufällen, die wir gestaltend und uns mit ihnen auseinandersetzend mit Sinn versehen. Jeder auf seine Weise, weil jeder ein lebendiges Beispiel dafür ist, was es heißt, eigenen Sinn zu gestalten.

In der Hoffnung, das Leben nach eigenen Vorstellungen planen und beherrschen zu können, umstellen sich viele mit Zeitplänen, Terminen, Ordnungssystemen, die all das festlegen, was sie sich vom Leben vorstellen und erwarten. Dahinter steckt die Hoffnung, dass sich das Leben auf seine Machbarkeit und Planbarkeit festlegen lässt. Oder wie man so schön sagt: Man hat sein Leben im Griff. Die Angst, dass das Spontane, Ungeplante, Unverhoffte verunsichert, ist weit größer als die Neugier und das Vertrauen, dass das Leben neue Impulse, neues Wachstum und neue Herausforderungen schenkt. Wo alle Lebensräume und Zeiten schon verplant sind, kann sich nichts Neues ereignen. Das Leben erstarrt in festen Strukturen, weil man festhält, wo man loslassen oder aufhören müsste.

Manchmal ist es eine Krise oder eine Krankheit, die plötzlich zum Innehalten zwingt und ganz unverhofft Zeit verschafft, die die eigene Lebendigkeit zur Selbstgestaltung braucht. Viktor von Weizsäcker nennt es das »ungelebte Leben«, das in solchen Zeiten unüberhörbar auf sich aufmerksam macht. Von solch einer Erfahrung erzählte eine Pfarrfrau: »Bevor sich mein Hautausschlag entwickelte, ging ich jeden Morgen 1000 Meter schwimmen, besuchte die kranken, alten Menschen aus der Gemeinde, führte die Hunde aus. Mittags lief ich dann ein bis zwei Stunden, abends übte ich Klavier, dann besuchte ich die Volkshochschule, nachdem ich vorher für die Familie und die Großeltern gekocht hatte, und bevor ich einschlief, studierte ich theologische Texte, um meinen Mann zu unterstützen.« Allein ihr zuzuhören, machte reif für ein Nickerchen. Diese von äußerer Aktivität verplante Lebensexistenz ließ überhaupt keinen Raum für die Wahrnehmung eigener Gefühle oder die Aufmerksamkeit spontaner Regungen. Erst ihre Hauterkrankung zwang diese Pfarrfrau dazu, sich mit sich selbst zu beschäftigen, die eigene Haut wahrzunehmen, zu berühren, einzucremen und endlich darüber nachzudenken, ob diese vielen Termine Sinn machten, oder ob die Termine sie beherrschten. Manche Lebenssituationen, die zu viele Zwänge und zu viel »Muss« enthalten, schmerzen oft bis ans Unerträgliche. Dennoch fällt es vielen schwer, sich aus der Situation fortzubewegen, sie zu verändern oder zu beenden. Manche spüren, dass sie sich auf einem Holzweg oder in einer Sackgasse befinden. Solange es geht, klammern sie sich sicherheitsbedürftig an das, was sie kennen. Aber ihnen fehlt der Mut, hinzuschauen und umzusetzen, was sie schon längst ahnen: Ich muss aufhören.

Die Soziologin Marianne Gronemeyer hat ein Buch über die Kunst des Aufhörens geschrieben: »Genug ist genug«. Das erstaunt zunächst. Denn Kunst verlangt Hinwendung, Hingabe, Inspiration, Selbstdisziplin. Aber bei näherem Hinsehen entdeckt man, dass das Aufhören in der Tat eine Kunst ist, weil es genau das verlangt, was Künstler leisten: Auf-hören, Hinhören, Zuhören, Hingabe.

Dies hängt mit der eindrucksvollen Doppeldeutigkeit des Wortes und der Praxis des Aufhörens zusammen. Aufhören im Sinne von »beenden, abschließen, nicht weitermachen« ist aufs engste mit dem Gehörsinn verbunden, mit dem Hören, dem Horchen, dem Lauschen und vielleicht sogar mit dem Gehorchen. Unsere Sprache lehrt uns also, dass wir nur aufhören können, wenn wir innehalten, wenn wir auf uns selbst, auf jemanden oder etwas hören. Die Kunst des Aufhörens besteht im Hören-Können. Um aufhören zu können, muss man hinhören und empfänglich sein.

Womit wollen Sie aufhören?

Eigentlich erleben wir es heute ständig. Unglaublich viel wird angefangen und möglichst schnell wird wieder damit aufgehört oder es wird fallen gelassen. Augenblickszwänge führen zu schnellen Anfängen und noch schnelleren Enden. Dennoch tun sich viele in ihrem persönlichen Leben schwer, Altes hinter sich zu lassen, umzukehren, aufzuhören und Neues zu wagen. Im Vergleich zum Beharren und Dranbleiben haftet dem Aufhören ein negativer Beigeschmack an. Man wird an Abschiednehmen erinnert, an Aufgeben, Verzicht oder Verlust. Warum sollte Aufhören eine Kunst sein? Haben wir nicht jahrzehntelang versucht, den alten Erziehungsidealen von Ausdauer, Durchhaltekraft und Beharrlichkeit gerecht zu werden?

»Nicht aufgeben!« oder »Dranbleiben!« ist nur eine Seite des Lehrplans; sie setzt alles auf Willenskraft und Beharrlichkeit. Eine andere Seite wäre das Aufhören. Nicht im Sinne geschickter Spekulation auf Besseres oder als rascher Griff zur Bremse, sondern vielmehr als Abstandnehmen, Innehalten oder Freiwerden für neuen, besseren Sinn. Jedes Aufhören könnte, so verstanden, ein Aufbruch zu neuen Ufern – zu neuem Sinn – bedeuten.

Wenn wir auf den Schienen der Gewohnheit durch das Leben gleiten, entgeht uns oft der Sinn dessen, was wir tun. Je stärker, eingefahrener die Gewohnheit, desto schwieriger wird es, sich wach zu halten für die Fragen: Was bewegt mich? Warum mache ich das eigentlich? Ist es noch stimmig, was ich tue? Heutzutage haben es Menschen schwer mit dem Aufhören, weil es Mut braucht und Veränderungen nach sich zieht. Aufhören zu viel zu trinken, zu essen, zu rauchen, zu joggen, zu shoppen, zu rasen, zu verschieben, zu vernachlässigen, zu streiten – wem fällt nicht zumindest eines davon schwer? Unsere private und unsere gesamtgesellschaftliche Situation spiegeln diese Problematik wider: Trotz absehbarem Unheil wird immer weitergemacht. Ist es nicht eigenartig, dass wir zwar wissen, dass so vieles falsch läuft, aber dennoch weitermachen und nicht aufhören, zu schnelle Autos zu fahren, Wälder abzuholzen, die Erde mit Pestiziden zu vergiften, zu viel Wasser und Strom zu verbrauchen? Jeder kennt den Gedanken: Eigentlich müsste ich aufhören. Aber – ich allein? Das schaffe ich nicht. Die anderen machen sowieso alle weiter.

Auch im privaten Raum häufen sich Probleme, weil Menschen entweder zu früh aufhören – Liebende, die voreilig einen Schlussstrich ziehen, Schüler, die ein schulisches Ende mit Schrecken provozieren – oder nicht aufhören können, weil sie trotz besserer Einsicht festhalten oder süchtig geworden sind. Man denke nur an die Geschichte vom zündelnden Paulinchen aus Heinrich Hoffmanns Struwwelpeter, die trotz der Warnungen der beiden Katzen Miez und Maunz nicht aufhören konnte, mit dem Feuer zu spielen und am Ende verbrennt. Viele ahnen, dass sie auf einem Holzweg oder in die Sackgasse geraten sind, aber ihnen fehlen die Entschlossenheit und der Mut zum Aufhören.

Es ist tatsächlich nicht einfach, aufzuhören, denn das setzt voraus, dass man hören will: »Ich wollte einfach nicht hören, weil ich es nicht wahrhaben wollte. Sogar die Andeutungen unseres Bankberaters habe ich einfach überhört. Bis ich durch einen Hotelbeleg wirklich gezwungen war, meinen Mann anzusprechen, um endlich zu hören, was geschehen war. All die Wochenenden, die er als berufliche Fortbildung ausgab, verbrachte er mit seiner Freundin in teuren Hotels.« Wie im Comicfilm, in dem die Beine über dem Abgrund immer noch rennen, verhielt sich diese Frau, als ob nichts geschehen wäre. Sie konnte erst mit ihrer Strategie des Nicht-wahrhaben-Wollens aufhören, als sie bereit war, hinzuschauen und hinzuhören.

Aufhören kann aber auch eine aktive Handlung sein. Dabei denke ich an den Vater, der erkannte, dass seine Kinder von ihm öfter Schimpfnamen hörten als ihre eigenen Namen. Er realisierte, dass sie zu »Weghörern« wurden. Diese Einsicht schockierte ihn derart, dass er unter Einsatz seiner ganzen Willenskraft damit Schluss machte. Er sah ein, dass es sinnlos war, seine Kinder mit Aggression anzuspornen, und dass sie es auch nicht verdient hatten, ständig Opfer seiner Übellaune zu sein. Tatsächlich entspannte und lockerte sich sein Verhältnis zu den Kindern. Er entdeckte sogar eine neue Stärke in sich, er konnte besser zuhören, und das Missverstehen und Aneinander-Vorbeireden schrumpfte zunehmend, weil auch seine Kinder ihm wieder zuhören wollten.

Neuen Sinn findet man, wenn man irgendwo aufhört. Eine Spielart davon ist das Aufgeben von schlechten Gewohnheiten, von übertriebenen Erwartungen oder schädigendem Verhalten. Zweifelsohne ist es eine respektable Leistung, wenn sich jemand überwindet und von einer Sucht fortwendet, um seine Aufmerksamkeit auf etwas Sinnvolleres zu richten. Die Kunst des Aufhörens liegt aber nicht nur darin, dieses oder jenes zu lassen, sondern sie besteht im Hören-Können auf die innere Weisheit. Manchmal spricht der eigene Körper: »Hör auf! Es macht keinen Sinn mehr.« Manchmal ist es das Gewissen, das mahnt: »Es ist genug!« »Basta!« Und manchmal ist es diese geheimnisvolle, innere Stimme, die weiß: »Ich könnte zwar ewig so weitermachen, aber ich will nicht mehr, weil es besseren Sinn für mich gibt.«

Die Kunst besteht darin, wirklich innezuhalten und seine Sinne und seine Hingabe neu auszurichten. Auf etwas anderes, auf Besseres oder wie manche sagen: »auf höheren Sinn«. Für manche ist es das Gewissen, die Vernunft, Gott, Liebe, Freiheit. Wie auch immer Menschen es nennen mögen: Es geht darum, hinzuhören und seine Sinne zu öffnen, um dadurch neuen Sinn zu erfahren.

Es gibt das erzwungene Aufhören. Der Schicksalsschlag, der tragische Autounfall, die Krebsdiagnose, die das Leben von einer Sekunde auf die andere radikal verändert, der berufliche Absturz, der einem erst einmal den Boden unter den Füßen wegzieht. Und es gibt das bewusste Aufhören. Zum Beispiel der Student, der auf den allabendlichen Kneipenbesuch verzichtet, weil er spürt, dass ihm diese zur Gewohnheit gewordene Ablenkung nicht mehr guttut. Und weil er realisiert, dass ihm ein erfolgreich bestandenes Examen langfristig wichtiger geworden ist. Sein Aufgeben hat eine interessante Doppeldeutigkeit: Er gibt etwas auf, weil er es als Aufgabe empfindet. Und er gibt etwas auf, weil er sich für eine neue Aufgabe frei machen will.

Aufhören braucht nicht nur Willenskraft und Mut; gleichzeitig macht es auch Angst, weil es mit dem Tod assoziiert wird. Ein kleiner vorweggenommener Tod im Leben, weil man sich von etwas verabschiedet. Jedes Aufhören ist ein kleines Sterben, das schafft Berührungsangst. Wenn man das Aufhören aber nicht nur als Loslassen oder Hinter-sich-Lassen begreift, sondern als intensive Hinwendung zu neuem Sinn, dann könnte es als Inbegriff des Lebendigseins verstanden werden. Lebendig bin ich nur, wenn ich immer wieder neu hinhöre, zuhöre, nachsinne und mich auf das besinne, was für mich bedeutsam ist, was mich ergreift und verändert.

Unser Leben ist gespickt von Sinneswandel oder Sinnesänderungen. Manche sind aufregend und spannend, weil sie ein neues Lebenskapitel einläuten, andere sind schmerzhaft, weil sie uns zeigen, wie zerbrechlich und verletzbar wir im Grunde sind. Manche sind kränkend und bitter, wenn beispielsweise Menschen aus dem Berufsleben ausscheiden oder »aussortiert« werden. Und manche sind wie ein Befreiungsschlag aus einem Gefängnis. Aufhören hat viele Dimensionen – aufregende, spannende, schöne, schreckliche und schmerzliche.

Erinnert man sich an den Begriff in seiner Doppeldeutigkeit, so verliert er den schlechten Beigeschmack und gewinnt eine Stärke, die wir heute mehr denn je gebrauchen können. Die Stärke liegt darin, dass wir eingeladen sind, hinzuhören, auf etwas zu hören, aufeinander zu hören – und überhaupt hellhöriger zu werden. Das Aufhören im Sinne des Hinhörens ermöglicht eine neue Freiheit, die darin bestehen könnte, die Egozentrik, die unablässige Selbstbespiegelung, die sture Verteidigung des eigenen Wollens, die eigene Vorteilssuche zu durchbrechen.

Es ist in unserer lauten Zeit schwierig geworden, zu lauschen, zu horchen, innezuhalten. Und es gehört auch nicht ins Schema unserer Denkgewohnheiten, den eigenen Willen einmal hintenan zu stellen und sich dem zu beugen, was sich von innen oder außen Gehör verschaffen will. Es macht einen Unterschied, ob ich mich hörend dem Leben und den anderen aussetze. Die Stärke des Aufhörens liegt in der Kraft, hellhörig und feinspürig zu werden. Man kommt von der Ankettung an sich selbst los. Das Hören im Sinne von Hinhören ist vielleicht die einzige Hinwendung, die die egozentrischen Fesseln lösen kann, jene Egozentrik, die mich in die unablässige Selbstumkreisung treibt, bei der es immer nur um mich geht. In diesem Sinn könnte man postulieren: Aufhören verwandelt, weil ich dadurch hellhöriger werde. Indem wir lernen, aufzuhören und Nein zu sagen, entscheiden wir uns gleichzeitig für ein Ja zu unserer eigenen inneren Wahrheit. Alter Sinn will losgelassen werden, damit Platz für neuen Sinn entsteht.

»Binde deinen Karren an einen Stern«

Diese schöne, alte Metapher von Leonardo da Vinci zeigt die Richtung: Wir sollen unseren Lebenskarren an eine Vision, ein Ideal anbinden, in der Hoffnung, dass ein Stern ihn herausziehen wird. Anders gesagt: Wir sollen unsere Stärken für etwas einsetzen, das größer ist als wir selbst. Es geht darum, mehr zu werden, als man von sich aus sein kann. Das ist auch der Grundgedanke der Forscher der *new science of happiness*, der sogenannten positiven Psychologie, die die poetische Frage: »Was lässt das Herz des Menschen singen?« zu ihrem Motto erhoben. Ermutigende Fragen zu stellen, setzt in der Tat Kräfte frei. Statt auf unsere Defizite und Defekte zu starren, binden wir unsere Stärken an etwas Größeres. Denn das, was wir für real halten, wird in seinen Folgen real. Wir leben und sterben von unserer Vorstellungskraft.

Die Chancen stehen gut, weil eine subversive Kraft alle Zeiten überdauert hat: der Hunger nach Rückbindung an etwas Höheres. Etwas, das uns übersteigt und über uns hinausweist. Es geht darum, wie ich und mein Leben einen über den unmittelbaren Moment hinaus greifenden Zusammenhang erfahren können.

Im Unterschied zum Genuss, der nur im Moment lebt, springt die Ausrichtung auf Höheres gerade dort in die Bresche, wo es mit dem Spiel der Lüste unbefriedigend oder trivial wird. Selbst bei Menschen, die sich fortwährende Lustbefriedigung verschaffen könnten, will sich das Glück nicht so recht einstellen, weil die Tragfähigkeit eines Glückes, das nur auf Genuss baut, eine ziemlich langweilige, flache Angelegenheit ist. Gott sei Dank macht uns die Realität einen Strich durch die Rechnung, und beschert jedem von uns genügend große Portionen an Anstrengung, Mühsal, Leiden und so manche Härten und Hürden. Die Erfahrung von Sinn gleicht dieses Frustrationspotential aus, da sie langfristige geistige und seelische Befriedigung vermittelt. Wenn es Sinn macht, sind wir sogar bereit, auf sehr viel Genuss und Vergnügen zu verzichten, weil wir höher gelagerte, geistige Sinnbezüge anstreben, wie beispielsweise die des Wissens, der Kunst, der Philosophie und der Religion.

Wenn Menschen heute nach Sinn verlangen, dann meinen sie etwas, das jenseits ihrer kurzfristigen Alltagsziele liegt, ein Ziel, das über das alltägliche Einerlei hinausgeht und auf höherwertige Zusammenhänge verweist. Wir leben nicht nur in unseren kleinen Nischen, sondern im Horizont von Möglichkeiten, in symbolischen Formen. Kurzum: Kultur. Menschen wollen und brauchen den Blick zu den Sternen. »Man muss etwas Neues machen, um Neues zu entdecken«, so empfahl es schon der Physiker G. C. Lichtenberg. Der graue Alltag wird zur Tretmühle, und das bedeutet, man tritt auf der Stelle, ist festgefahren, gäbe es nicht diesen über Zweck und Nutzen hinaus öffnenden Blick auf einen größeren Sinnhorizont. So können schon kleine Initiativen größere Horizonte öffnen: die Musikstudentin, die jeden Sonntag ins Krankenhaus fährt, um für die Patienten tröstliche Musik zu spielen, das Ehepaar, das einem Hund das Leben rettet und nach einer Operation bei sich aufnimmt, der Pantomime, der in seiner Freizeit die Leute im Altersheim zum Lachen bringt, der pensionierte Lehrer, der sein Wissen an junge Arbeitslose weitergibt. Es geht nämlich um nichts Geringeres als um Durchblicke auf Sinn, für sich selbst, für die anderen und auf größere Zusammenhänge. Gewiss liegt einer der kostbarsten Durchblicke im Dasein für andere, in der Verbundenheit mit ihnen und im Hinausgehen über sich selbst zu den anderen.

Warum reisen so viele im Urlaub ans Meer oder in die Berge? Nicht nur, um dem Alltag zu entfliehen, sondern weil wir uns mit dem Größeren verbinden wollen, und weil etwas in uns zur Erhabenheit der Berge und der Unermesslichkeit des Meeres in Resonanz steht. Der wiegende Rhythmus des Meeres und seine unergründliche Tiefe lassen unsere eigene Tiefe und Unergründlichkeit anklingen, ebenso wie die Berge uns an unsere eigene Größe und Würde, unsere Einzigartigkeit erinnern. Was wir im Wasser, im Sand und in den Bergen suchen, ist letztlich eine Projektion dessen, was auch in uns an Rhythmus, Tiefe und Höhe existiert. Ich nenne es Seele, auch wenn Hirnforscher diesen Begriff inzwischen gründlich zerstückelt haben. Sinn entsteht also nicht nur im Bezug zum Göttlichen, sondern wenn wir in größere Horizonte und Hoffnungen blicken, wenn wir uns nach dem ausstrecken, was uns überschreitet und unsere eigene emotionale Tiefe zum Klingen bringt.

Wohl wissend, es gibt viele Sinne, religiöse und säkulare, für die wir uns heutzutage in Freiheit entscheiden können, weil es kein Sinnmonopol mehr geben kann und darf. Religiöser Glaube schafft Sinn, schon allein, weil wir uns anders verhalten, wenn wir ein religiöses »Backup« besitzen. Durch Glauben werden wir nicht nur mit den anderen, sondern auch mit Ritualen, mit Werten, mit Transzendenz verbunden. Andere erfahren Verbindung durch die Großartigkeit der Kunst, die wunderbare Unergründlichkeit der Natur, die Schönheit von Gedanken philosophischer Art, die Tiefe menschlicher Liebe. Je nachdem wie das Licht auf dieses Prisma fällt, scheinen vielfältige Sinnfacetten auf.

Menschen sind nicht selbstgenügsam. Immer streben sie auf etwas hin, suchen etwas, das die Begrenzungen des eigenen Ichs übersteigt, etwas, das sie mit der Welt, mit etwas Größerem und mit dem Anderen verbindet. Insofern heißt Sinn suchen: sich verbinden, sich an etwas binden. Die eigenen Interessen, Begabungen, Energien richten, bündeln und etwas finden, wofür sich ein wirkliches Engagement lohnt. »Alles beginnt mit Sehnsucht«, diesen Satz von Nelly Sachs möchte ich aufgreifen. Wesentlich scheint mir, dass wir unsere eigenen Sehnsüchte und Hoffnungen ernst nehmen und unsere Sinnschöpfungen danach ausrichten, was uns persönlich Geborgenheit, Hoffnung und Halt gibt. Traditionen, familiäre Werte oder Gewohnheiten beflügeln nicht, wenn sie uns nur sagen, was wir zu wünschen haben oder wonach wir streben sollten, wenn sie als unreflektierte Übernahme statt als Wertschätzung und Treue gegenüber persönlichen Erfahrungen erlebt werden. Sinn-Erfüllung ist daran zu erkennen, dass sie uns weitet, größer und offener macht. So deute ich das Jesus-Wort vom Kreuz, das man auf sich nehmen solle, um ihm zu folgen: Es bedeutet eben nicht ein Leben der Anpassung, des Beifalls, der Zustimmung durch andere, es bedeutet auch nicht ein Leben ohne Sorgen und Ängste, ohne Ecken und Kanten, sondern die Aufforderung, für das einzustehen, was der eigenen Seele ein größeres Leben verspricht, von deren Eigenart und Schönheit sie sich angezogen fühlt. Und das zu tun, woran unser Herz wirklich hängt.

In seinem Gedicht »Herbst« beschreibt Rilke nicht nur das Fallen der Blätter. So sagt er ausdrücklich: »Wir alle fallen. Diese Hand da fällt. Und sieh dir andre an: es ist in allen«, um dann mit den Worten: »Und doch ist Einer, welcher dieses Fallen unendlich sanft in seinen Händen hält« abzuschließen. Rilke schweigt sich aus über denjenigen, dessen Hände uns halten, aber er deutet an, dass dieses unser aller Fallen von etwas Größerem getragen ist. Es bleibt jedem selbst überlassen, wie er diesen »Einen« benennen will. Die einen nennen ihn Gott, die anderen Schicksal; gemeinsam ist beiden, dass sich ihre Unergründlichkeit nicht fixieren oder entzaubern lässt. Unsere begrenzte Sinnkapazität bringt immer gesellschaftlich konstruierte Wirklichkeiten ins Spiel, und vor dem großen Mysterium bleibt uns eigentlich nur, uns zu verbeugen, oder zu schweigen, wie es der Philosoph Ludwig Wittgenstein nahelegt: »Worüber man nicht reden kann, darüber muss man schweigen.« Wenn Menschen etwas als existentiell bedeutsam erleben, dann spüren sie, was dieser »Eine« für sie ist, weil sie ergriffen und verändert werden. Weil in ihrem Innern etwas zu strahlen beginnt, das über sie hinausweist.

Diese Erfahrungen finden sich nicht nur in Grenzsituationen, auch bei Erfahrungen überwältigender Schönheit, Fülle, beim Empfinden von Glück, beim Staunen und Ergriffensein, aber auch in Alltagssituationen, in denen plötzlich Sinn aufscheint, Zusammenhänge einleuchten, tiefe Stimmigkeit aufleuchtet.

Sich verbinden mit einem übergeordneten Sinn meint

nicht das sorglose Anlehnen an eine starke Schulter oder das Unterschlüpfen bei selbst ernannten Seelenführern, sondern es heißt: ausgetretene, überholte Pfade verlassen; das tun, was man wirklich liebt; sich dafür einsetzen, dass das Leben über den Alltag hinaus mehr Sinn macht und an einen größeren Zusammenhang erinnern will. Ich möchte ein paar Fragen an den Schluss stellen, die in diese Richtung weisen:

Tun Sie, was Sie wirklich lieben?
Welche Gaben hat Ihnen dieses Leben verliehen? Wie setzen Sie sie um? Wofür setzen Sie sie ein?
Wann und wie blockieren Sie sich selbst?
Was hält Sie zurück?
Was sagt Ihre Angst?
Wie verhindern Sie, das Leben zu führen, das Sie eigentlich leben wollen?
Welche Lebensspur wollen Sie hinterlassen?
Wohin gehen Ihre Wünsche, Sehnsüchte, Träume?
Wofür setzen Sie Ihr Bestes – Ihre Leidenschaft – ein?
Wie sähe Ihr Leben aus, wenn Sie der Stimme Ihres Herzens folgen würden? Wie sähe es aus, wenn Sie das tun würden, was Sie größer und weiter macht?

Vielleicht haben Sie sich manche dieser Fragen ohnehin schon selbst gestellt. Mir geht es darum, Sensibilität zu wecken für die Stellen, an denen wir »in zu kleinen Schuhen laufen« (C. G. Jung). Mein Wunsch wäre es, dass wir aufhören, in unseren Definitionen von uns selbst und dem großen Ganzen zu kleinmütig zu denken. Dass wir das tun, woran unser Herz wirklich hängt. Dass wir uns überraschen lassen. Dass wir einander ermutigen und beistehen, wenn wir uns aufmachen, »den Weg nach den Sternen einzuschlagen«.

Nachwort

»Leben macht Sinn«, das sage ich mit Überzeugung und im Wissen, dass dieses Thema jeden Menschen ganz persönlich herausfordert. Deswegen kann dieses Buch nur ein subjektives sein, weil jeder *seine* Sinnfragen stellt und *seine* Antworten zu finden hat. Das erklärt auch, weshalb der Leser den einen oder anderen Aspekt vermissen oder betont finden wird. Ich maße mir nicht an, *den* Sinn zu besitzen, zumal das Leben in seiner Gesamtheit ohnehin zu groß ist, um Gegenstand der Selbsterkenntnis zu sein.

Es wäre falsch zu sagen, Sinn sei ein Mittel, um glücklich zu sein. Sinn ist ein Nebenprodukt, das sich ergibt, wenn wir auf eine für uns stimmige Weise im Fluss sind. Sinn kann man nicht machen, man erfährt ihn, wenn man sich mit all dem, was und wie man ist, auf den Weg macht. Sinn steht als verborgene Chiffre eines zu erringenden Ziels, dass wir leidenschaftlich wollen: die Einheit von Denken und Fühlen, die innere Zusammengehörigkeit unseres Wollens und unserer Fertigkeiten.

Die Sinnreflexion ist ein Wert in sich – wie die Liebe. Sinn darf nicht mit Wohlergehen gleichgesetzt werden.

Aber zu fragen, was Sinn macht, hilft, das Leben als lebenswert und mitunter auch liebenswert zu empfinden. Es gibt Erfahrungen, die aufs engste mit den erwähnten Sinnfacetten verknüpft sind: die Übereinstimmung mit meiner jeweils gegenwärtigen Situation; die Freude, sich selbst und andere besser zu verstehen; die Erlösung, eingefahrene Gleise des Erlebens zu verlassen; die gesteigerte Sinnerfahrung beim Hinschauen, beim Zuhören, beim Lieben.

Sinn scheint oft gerade durch schwere Momente, Krankheit, Krisen hindurch. Sie gehören zu uns, sind unser Sinn, für den wir schließlich einen hohen Preis entrichtet haben. Lebenszeit will mit Sorgfalt gelebt sein. Es braucht innere Disziplin, sich dem Leben immer wieder zuzuwenden trotz schmerzlicher Erfahrungen, Enttäuschungen, Einsamkeit. Dennoch gibt es einen Schlüssel, den ich zum Schluss weitergeben möchte. Er ist eine der zentralen Eigenschaften, mit denen man sehr alt werden kann, weil er unser Leben zu einem sinnerfüllten Weg macht: Dankbarkeit.

Dankbarkeit heißt nicht, alles einfach gut zu finden. Es heißt nur, dass wir einen Sinn entwickeln für die Momente, in denen uns das Gute widerfährt. Und dass wir dafür dankbar sind, dass wir in einer Zeit leben, in der wir so viel Spielraum, so viel Lernen, so viel Krise, so viel Glück und so viele Ressourcen für Sinn haben. Sinn ist zwar nicht mehr in der Obhut der Kirchen, und Instanzen, die Sinn liefern, gibt es auch nicht mehr. Aber dafür sind wir heute so frei wie noch nie, unsere eigenen Werte und Antworten zu finden. Nicht einmal für unsere Eltern waren diese heutigen Freiheiten selbstverständlich. Was vor einem Jahrhundert noch Privilegierten zukam, ist heute Allgemeingut. Wir können unser Leben an Kriterien der Selbstverwirklichung ausrichten. Nicht mehr Tradition und überlieferte Werte prägen unseren Lebenshorizont. Sondern Sinnfragen unter einem weiten Sinnhorizont, die jeder sich selbst beantworten darf. Das ist zwar anstrengend, aber auch tröstlich. Unsere Seele wird es uns danken! Und wenn wir uns auf den Weg machen und immer wieder neuen Sinn wahrnehmen, ist es wie beim liebevollen Blick eines Freundes oder beim Lächeln eines Kindes: Es ist gut, da zu sein.

Literatur

Alt, J.A., Wenn Sinn knapp wird. Über das gelingende Leben in einer entzauberten Welt. Frankfurt, New York 1997

Anker, H., Der Sinn im Ganzen. Bausteine einer praktischen Lebens- und Wirtschaftsethik. Münster 2004

Arrien, A., The second half of life. Opening the eight gates of wisdom. Boulder 2007

Aurel, M., Wege zu sich selbst. R. Nickel (Hg.), München, Zürich 1992

Baggini, J., Der Sinn des Lebens. Philosophie im Alltag. München, Zürich 2004

Beck, U., Beck-Gernsheim, E., Riskante Freiheiten. Frankfurt 1994

Bolz, N., Die Sinngesellschaft. Düsseldorf 1997

Baumeister, R.F., Meanings of life. New York, London 1991

Fehige, C., Meggle, G., Wessels, U. (Hg.), Der Sinn des Lebens. München 2000

Freud, S., Briefe 1873-1939. Frankfurt 1960

Gardner, H., Changing mind: The art and science of changing our own und other people's mind. Harvard 2004

Grondin, J., Vom Sinn des Lebens. Göttingen 2006

Gronemeyer, M., Genug ist genug. Über die Kunst des Aufhörens. Wiesbaden 2008

Hollis, J., Swamplands of the soul. New life in dismal places. Toronto 1996

Hollis, J., Why good people do bad things. Understanding our darker selves. London 2007

Horx, M., Wie wir leben werden. Unsere Zukunft beginnt jetzt. Frankfurt a. M. 2005

Laing, R. D., The divided self. An existential study in sanity and madness. Penguin 1965

LeShan, L., Diagnose Krebs. Wendepunkt und Neubeginn. Stuttgart 1993

Lütz, M., Gott. Eine kleine Geschichte des Größten. München 2007

Petzold, H. G., Orth, I. (Hg.), Sinn, Sinnerfahrung, Lebenssinn. In: Psychologie und Psychotherapie. Band I/II, Bielefeld, Locarno 2005

Pöhler, W., Krankheit zum Tode? Seelisches Leiden und Sinn. Zur Phänomenologie von Sinnlosigkeit, Sinnentdeckung und Sinntranszendenz. Frankfurt a. M. 1988

Ropohl, G., Sinnbausteine für ein gelingendes Leben. Ein weltlicher Katechismus. Leipzig 2003

Schaeppi, W., Braucht das Leben einen Sinn? Empirische Untersuchung zu Natur, Funktion und Bedeutung subjektiver Sinntheorien. Zürich, Chur 2004

Schenk, H., Glück und Schicksal. Wie planbar ist unser Leben? München 2000

Scobel, G., Weisheit. Über das, was uns fehlt. Köln 2008

Singer, P., Wie sollen wir leben? Ethik in einer egoistischen Zeit. München 1997

Steffensky, F., Schwarzbrot-Spiritualität. Stuttgart 2005

Tarr, I., Das Donald-Duck Prinzip. Scheitern als Chance für ein neues Leben. Gütersloh 2006

Tiedemann, P., Über den Sinn des Lebens. Die perspektivische Lebensform. Darmstadt 1993

Tutsch, L. et al., Ist Sinn noch aktuell? In: Existenzanalyse 3/2000 (Teil I)

Von Brück, M., Wie können wir leben? Religion und Spiritualität in einer Welt ohne Maß. München 2002

Welsch, W., Grenzgänge der Ästhetik. Stuttgart 1996

Wiederkehr, K., Wer loslässt, hat die Hände frei. Ein Buch für Frauen, die noch viel vorhaben. Bern, München, Wien 1999

Wirtz, U., Zöbeli, J., Hunger nach Sinn. Menschen in Grenzsituationen. Grenzen der Psychotherapie. Zürich, Stuttgart 1995

Zoche, Pater H.-J., Die sieben Todsünden unserer Zeit. Berlin 2008